Marina Stachowiak
Nehmen, was da ist
Ein Koch- und Geschichtenbuch
über Synergetik Therapie
Band I

D1718271

Marina Stachowiak

Nehmen, was da ist

Ein Koch- und Geschichtenbuch
über die Synergetik Therapie
Band I

Umschlagentwurf: Marina Stachowiak
Sepia (Aquarell)

Stachowiak, Marina:
Nehmen was da ist.
Ein Koch- und Geschichtenbuch über Synergetik Therapie. Band I /
Marina Stachowiak
Synergetik Institut (Bischoffen-Rossbach: Bernd Joschko Verlag) 2005
ISBN 3-938798-00-9

Druck: Wetzlardruck GmbH, Wetzlar

Meinen Eltern Elli und Hermann Pfeiffer

Hallo, liebe Leserin!

Herzlich willkommen! Ich freue mich, dass Sie zu diesem Buch gefunden haben, und dass Sie jetzt rein schauen! Ich hoffe, Sie haben Lust auf ein wenig Spaß und auf ein paar Verrücktheiten? Denn verrückt ist das schon, was Sie hier finden werden. Verrückt schon alleine deshalb, weil es in diesem Buch ein wenig anders zugehen wird, als Sie es vielleicht von einem *Kochbuch* erwarten.

Denn in diesem Buch geht es nicht nur um die Zubereitung und das Kochen von Speisen und Menüs, sondern um ein ganz anderes *Kochen*. Um ein *Kochen*, bei dem Sie es mit ganz neuen Schöpfungen zu tun haben werden, und in dem Sie sich im Zusammenwirken der verschiedensten Gegebenheiten, der unterschiedlichsten Kräfte und Möglichkeiten selbst erfahren können. Es wird um andere oder doch zumindest um veränderte Perspektiven gehen und – das wird Sie jetzt vielleicht erstaunen – es wird auch um *Sie* gehen.

Denn was immer Sie dazu geführt haben mag, dieses Buch aufzuschlagen: seien Sie versichert, dass es etwas mit Ihnen zu tun hat, das ist nicht nur eine esoterische Ansicht, sondern ein synergetisches Gesetz. Haben Sie Lust, heraus zu finden, was dieses Buch mit Ihnen zu tun hat? Ich würde mich freuen, wenn Sie mich und einige andere, die Sie im Laufe des Lesens hier kennen lernen werden, begleiten.

Ich lade Sie herzlich ein, mit uns gemeinsam den *kulinarischen Besonderheiten* dieses Buches zu begegnen, sie vielleicht selbst auszuprobieren und sie dann nach ihren eigenen Möglichkeiten und Ihrem eigenen Einfallsreichtum zu variieren, oder besser noch: Ihre ganz eigenen Gerichte auszukochen.

Ich lade Sie ein, den Geschichten um die Entstehung verschiedener Köstlichkeiten, oder auch der Geschichte der Entstehung dieses Kochbuches, das eben nicht *nur* ein Kochbuch für die Zubereitung von Speisen und Menüs ist, zu lauschen.

Aber ich will Ihnen gleich zu Beginn reinen Wein einschenken: Denn um es genauer zu sagen, wird sich dieses Buch eigentlich nur am Rande mit der Zubereitung und dem Kochen von Gerichten und Menüs beschäftigen, die Sie zu Hause Ihren Lieben servieren können. Im Vordergrund wird in diesem Buch jenes *ganz andere Kochen* stehen, von dem Sie, wenn Sie es einmal selbst ausprobiert haben, sagen werden: *Das gönne ich mir!*

Sie werden es nämlich in diesem Buch hauptsächlich mit der *Synergetik Therapie* zu tun bekommen bzw. mit der *Synergetik* im Allgemeinen. Deshalb werden Sie hier nur wenige Rezepte finden, die Sie in Ihrer Küche zubereiten können, sondern vor allem Erläuterungen zur Synergetik, Einblicke in die *Synergetik Therapie* und Beispiele für ihren praktischen Einsatz im Alltag. Dies alles, liebe Leserin, kann dazu beitragen, Ihnen die Freude am Kochen, den Spaß am spontanen Zusammenstellen von Speisen und Menüs, den Einsatz Ihrer Kreativität in den alltäglichen Verrichtungen zu fördern und Sie zu lehren, was es heißt, zu *nehmen, was da ist.* Und dies nicht nur beim Kochen in Ihrer Küche. Aber seien Sie versichert: Sie werden auf jeden Fall aus dem Vollen schöpfen!

Das Leben ist so vielfältig und vielschichtig, dass man nicht nur in einer Küche bzw. auf einem Herd zu kochen braucht, nicht? Man kann schließlich auch vor Wut kochen oder man kann etwas auskochen, insbesondere dann, wenn man ein ausgekochtes Schlitzohr ist. Und auch ich koche hier mit einigen anderen zusammen etwas aus. Ob es Ihnen schmeckt, werden Sie dann sehen.

Wenn Sie, liebe Leserin, in der Lage sind, das Kochen eines Menüs in Analogie zum Leben zu verstehen, wenn Ihnen darüber hinaus auch noch klar ist, wie eng nicht nur das Kochen, sondern gerade auch das Essen mit unserer Psyche verbunden ist, dann können Sie auf ein ausgesprochen synergetisches Potential zurückgreifen, denn dann sind Sie wahrscheinlich eine komplexe Persönlichkeit, denken über Ihren Tellerrand hinaus, haben viel Phantasie und gehören vermutlich zu denjenigen Menschen, die sich etwas tiefer mit dem Leben auseinandersetzen.

Die symbolische Bedeutung vieler Sprichwörter und Zitate, die das Kochen und speziell das Essen zum Thema haben, transportieren in Wirklichkeit einen psychischen Inhalt. Einigen von ihnen werden Sie in diesem Buch begegnen.

Nehmen, was da ist. Ich hab dich zum Fressen gern. Daran hat man lang zu kauen. Ich scheiß drauf. Ich zeig dir die Zähne! Das ist ein harter Brocken, an dem man lange zu kauen hat. Man wird schwer zu schlucken haben. Die Kirschen in Nachbars Garten. Eine gepfefferte Predigt. Die Suppe, die man sich eingebrockt hat, muss man auch selbst auslöffeln. Reinen Wein einschenken. Das stößt einer sauer auf. Das süße Leben. Beiß nicht gleich in jeden Apfel. Honigmund. Honig um den Bart schmieren. Das muss man erst mal verdauen. Zucker in den Hintern blasen. Ein ausgekochtes Schlitzohr. Das muss man schlucken. Etwas auf dem Silbertablett servieren. Einen dicken Hals kriegen. Sich auskotzen. Sich die Zähne ausbeißen. Die Süße des Lebens. Alles runter schlucken. Die Rosinen aus dem Kuchen picken. Feuer untern Hintern machen. Sich nicht die Butter vom Brot nehmen lassen. Viele Köche verderben den Brei. Butter bei die Fische. Über den Tellerrand hinaus gucken. Gib dem Kind vom halben Ei die Hälfte halb. Liebe geht durch den Magen. Lieber zu viel gegessen, als zu wenig getrunken. Nicht Fisch, nicht Fleisch. Aus dem Vollen schöpfen. Sich einen Mann backen. Das liegt schwer im Magen. Leichte Kost. Etwas satt haben. Sein Fett abbekommen. Etwas auftischen. Gut gekaut, ist halb verdaut. Der Bissen bleibt im Halse stecken. Sauer sein. Der Appetit kommt beim Essen. Wenn das Schaf blökt, schadet es ihm einen Happen. Vor Wut kochen. Stinksauer sein. Mitmischen. Das schmeckt mir nicht. Etwas auskochen. Speichellecker. Alles Käse. Das Leben versauern. Alles in Butter. Ein gutes Mahl lohnt Müh und Qual. Nichts wird so heiß gegessen, wie es gekocht wird.

Ein Abenteuer in der Küche

Nun beginnt dieses Buch allerdings gleich mit einem Problem. Aber lesen Sie bitte weiter, auch wenn Sie keine Lust auf Probleme haben. Denn auch ein Problem kann ja aus verschiedenen Perspektiven betrachtet werden, und wir müssen nicht gleich die schlechteste Variante ins Auge fassen, nicht?

Die wesentlichen Veränderungen, die wir im Leben erfahren, und die größten Herausforderungen und Abenteuer, die wir bestehen, beginnen ja nicht selten mit einem Problem. Und wenn wir es dann hinter uns haben, sind wir ein enormes Stück gewachsen.

Wenn wir also ein Problem von diesem Aspekt aus betrachten, wenn wir in einem Problem also den Beginn einer neuen Entwicklung sehen, den Anfang von etwas völlig Neuem, gewinnt es doch sogleich eine ganz andere Dimension, oder? Statt zu sagen: *Ich habe ein Problem*, und resigniert die Hände in den Schoß sinken zu lassen, können wir genauso gut sagen: *Ich stehe vor einem Abenteuer*, und schon bald wird sich etwas völlig Neues ereignen. Wir können also beherzt die Ärmel hochkrempeln und zur Tat schreiten. Schon Jesus sagte: *An ihren Taten werdet ihr sie erkennen*, was nichts anderes heißt als: Gehe ins Tun, dann erkennst du dich nicht nur selbst besser, sondern auch andere können erfahren, wen sie da vor sich haben.

Wie ist das mit Ihnen? Wollen Sie erkannt werden? Wollen Sie eine Spur in Ihrem Leben hinterlassen? Wollen Sie etwas erleben, im Kontakt sein mit anderen, im Kontext mit etwas Höherem als Sie selbst sind? Dann fangen Sie jetzt an. Gehen Sie ins Tun, betrachten Sie Ihr Leben als Abenteuer und lassen Sie Ihrer Kreativität freien Lauf. *Nehmen Sie, was da ist, und machen Sie das Beste daraus!*

In diesem *Kochbuch* finden Sie eine Reihe von Rezepten und Anregungen zu Ihrer freien und ganz persönlichen Lebensgestaltung. Kreieren Sie Ihr ganz eigenes Menü. Ich wünsche Ihnen dazu viel Freude und einen guten Appetit!

Probleme sind in der Regel auch der Grund, weswegen wir eine synergetische Innenweltreise machen. Was das genau ist, eine synergetische Innenweltreise, werden Sie in diesem Buch erfahren.

Ein Problem steht jedenfalls auch am Anfang dieses Buches, wie ich ja schon sagte. Aber ohne dieses Problem wäre das Buch gar nicht erst entstanden und es hätte in meinem Leben keine Veränderung gegeben. Aber sehen Sie selbst.

Mit dieser einfachen Gegebenheit lernen Sie jedenfalls eine erste Besonderheit der *synergetischen Prozessarbeit* kennen: Ein Problem ist ein willkommener Anlass, sich mit ihm auseinander zu setzen und daran zu wachsen. Vor allem aber, es zu verändern und es so zu handhaben, dass es sich in den eigenen Lebenskontext gut einfügt und dem eigenen Glück und der eigenen Gesundheit nicht im Wege steht. Dabei ist es ganz gleich, ob dieses Problem körperlicher, psychischer oder geistiger Natur ist. In der Synergetik Therapie ist alles möglich.

Zunächst ist ein Problem immer eine Stagnation des natürlichen Flusses Ihrer Energie. Da, wo das Problem sitzt, fließt es nicht weiter, und wenn noch etwas fließt, dann seicht und langweilig, Energie zehrend und öde. Immer dann aber, wenn Sie das Problem gelöst haben – auf welche Weise auch immer – fließt es wieder. Und: es fließt jetzt um so stärker. Sicher kennen Sie das. Aber wissen Sie auch, was da genau geschehen ist in Ihrem Inneren? Nun, auch das sollen Sie hier erfahren.

In der synergetischen Arbeit in Ihrer Innenwelt können Sie das nicht nur ganz genau erkennen, sondern Sie können es sogar *selbst fühlen* und *selbst erleben*. Aber auch dazu kommen wir später.

Ein Problem fällt Ihnen zunächst nur auf, weil die Energie nicht richtig fließt. Sie können diese Energie selbst zwar nicht sehen, aber Sie können sie spüren. Sie fühlen sich schlecht damit, wissen nicht, wie Sie genau weiter vorgehen können, haben keine Lust drauf, wollen sich vielleicht davor drücken oder es jemand anderem in die Schuhe schieben usw. Sie kennen das ja.

Wenn wir das nun aber mal ganz wertfrei betrachten, so steckt hinter dem konkreten Problem so etwas wie eine Verstopfung. Es ist vergleichbar mit einem Kanal, durch den das Wasser vorher leicht und einfach geflossen ist. Der Kanal ist jetzt verstopft, irgend etwas hat sich da verhakt und mit der Zeit setzt sich immer mehr an dieser Stelle fest, so dass das Wasser in seinem Bett nicht mehr richtig weiter fließen kann. Es staut sich auf und läuft schließlich über die Ufer hinaus.

Das kennen Sie sicher, denn das Gleiche geschieht in Ihrer Psyche, wenn Sie plötzlich weinen müssen oder auch stinksauer werden. Dann kann es schon mal vorkommen, dass Sie nicht ganz im Kontext, also nicht ganz der Situation gerecht reagieren. Sie haben dann etwas in die Welt gelassen, was wir als *Überreaktion* bezeichnen. Dann haben Sie womöglich ein neues und noch viel komplizierteres Problem am Hals. Ihr ursprüngliches Problem aber ist damit keinesfalls gelöst.

Nun, in einer synergetischen Innenweltreise können Sie ihr Problem wirklich vollständig lösen. Sie können es direkt angehen, es in Bewegung bringen, und es dadurch verändern. Sie können das, was Ihren Kanal verstopft hat, ganz einfach entfernen, den Kanal reinigen und beobachten, wie es jetzt wieder frei und ungehindert fließen kann. Für die meisten Menschen ist dies ein sehr beeindruckendes und berührendes Erlebnis.

Ich würde Ihnen das jetzt gern genauer erklären, aber im Moment habe ich dazu gar keine Gelegenheit, denn ich werde gedrängt, nun endlich mein Problem zu schildern.

Als ich eines Tages in die Küche trat, um mir ein Menü auszudenken, wurde mir das Problem, das ich bereits seit einiger Zeit hatte, bewusst, wenn auch zunächst nur recht oberflächlich.

Was koche ich denn *heute*? Ich hatte schon wieder nichts eingekauft und es gab weder etwas Vernünftiges im Kühlschrank, noch irgendeine Idee in meinem Kopf. Dabei ist mir das Kochen früher nie schwer gefallen. Immer hatte ich eine Idee, wie ein gesundes, schmackhaftes und wohlfeiles Essen schnell und zügig und ohne viele Umstände fertig gestellt werden kann.

Aber seit einiger Zeit? Was soll ich Ihnen sagen: Es fiel mir einfach *nichts* ein!

Dieses Hin- und her zwischen Schreibtisch und Haushalt, zwischen meiner Arbeit und der Familie. Ständig hatte ich irgendwas vergessen einzukaufen, so dass ich mir dann was einfallen lassen musste. Manchmal war es zum Verrücktwerden.

Seitdem ich die Ausbildung im Synergetik Institut in Bischoffen-Rossbach begonnen hatte, war nichts mehr so wie vorher. Manchmal schien alles schief zu gehen. Was machte ich denn nur falsch? Und was würde Bernd Joschko dazu sagen?

Bernd: Das ist ganz normal. Deine Wahrnehmung verändert sich gerade. Das ist immer so, wenn wir uns mit Synergetik beschäftigen, und insbesondere dann, wenn wir die Gesetzmäßigkeiten der Synergetik am eigenen Leib und Leben erfahren, sie in unserer Innenwelt direkt erleben. Du hast in deiner Innenwelt etwas zum Kippen gebracht und jetzt entwickelt sich etwas ganz Neues, ist doch toll!

Ich: Toll nennst du das? Wenn ich nicht mal mehr weiß, was ich kochen soll, wenn ich das Einkaufen vergesse oder doch zumindest die wichtigen Sachen, so dass ich jetzt hier stehe und mit den einfachsten Dingen nicht mehr klar komme?

Bernd: Ja, schau doch mal, was dann passiert, wenn du plötzlich nicht mehr so funktionierst wie sonst? Wie reagieren dein Mann und dein Sohn? Guck doch mal, ob sich was verändert.

Ich. Was soll sich denn da verändern?

Bernd: Weiß ich nicht. Auf jeden Fall hat sich bei dir was verändert, und das hat Auswirkungen auf dein Umfeld. Jetzt schau halt, was dann passiert.

Na, der hat gut reden, der kriegt ja gekocht. Muss sich um den ganzen Kladderadatsch nicht kümmern. Kann ganz in seiner Arbeit aufgehen, einfach sein Ding machen.

Liebe Leserin, Sie werden sich jetzt sicher so einiges fragen: Zum Beispiel, was denn Synergetik, Synergetik Therapie oder

13

eine synergetische Innenweltreise nun eigentlich ist, wer dieser Bernd Joschko ist und was das ganze mit Kochen zu tun hat. Haben Sie bitte ein wenig Geduld, Sie werden dies alles erfahren. Ich bitte Sie vor allem auch um Geduld und Nachsicht mit mir, denn ich kann das alles gar nicht auf einmal und auch nicht schnell erklären - wenn ich es denn überhaupt erklären kann. An dieser Stelle muss ich Ihnen auch sagen, dass ich dieses *Kochbuch* nicht allein schreibe. Es hilft mir eine. SIE ist es nämlich, die hier eigentlich die Regie übernommen hat, über die Schreibarbeit, über das Konzept des Ganzen – wenn wir hier überhaupt von einem Konzept sprechen können - und über das, was hier drin stehen soll und wie es drin stehen soll.

SIE hatte auch die Idee zu diesem *Kochbuch*, wie Sie noch sehen werden, und SIE ist eifrig dabei, Rezepte zu kreieren, Neues auszuprobieren und ihrer venusischen Phantasie in all dem freien Lauf zu lassen. Ich selbst bemühe mich, dies alles so auszuführen und so hinterher zu kommen, wie SIE, aber auch einige andere, wie Sie noch sehen werden, es möchten.

Sie halten also gerade ein gechanneltes Werk in Händen, denn ich bin hier nur der Kanal und schreibe auf, was mir eingegeben wird. Deshalb kann ich Ihnen auch an dieser Stelle kaum sagen, was hier alles auf Sie zu kommen wird und was Sie nun genau zu erwarten haben. Lassen Sie sich einfach überraschen, so, wie auch ich mich überraschen lassen muss. Denn ich sagte Ihnen ja schon, dass Sie es hier nicht mit einem gewöhnlichen Kochbuch zu tun haben, sondern mit einem *synergetischen*.

Seitdem ich angefangen habe zu schreiben, fährt SIE voll auf. Aber auch das sollen Sie alles noch genauer erfahren. Hier sei nur lediglich darauf hingewiesen, dass vieles, was Ihnen vielleicht etwas befremdlich erscheinen mag – es sei denn, Sie hätten bereits eigene Erfahrungen im synergetischen Innenwelt-reisen – nicht unbedingt auf meinem Mist gewachsen ist. SIE denkt und handelt hier, und das tut SIE *synergetisch*. Deshalb gibt es auch kein Konzept. Es gibt nicht *erstens, zweitens, drittens*, sondern *hiermal, damal, dortmal*.

Seien Sie aber versichert, dass wir hier unser Möglichstes tun, Sie in die Geheimnisse der Synergetik und des synergetischen *Kochens* einzuweihen.

Ich selbst werde mich bemühen, ein klein wenig Konzept aufzutischen, auch wenn alle anderen, die hier mitmischen, bzw. mit kochen dagegen sind. Konzepte sind nun mal absolut nicht ihre Sache. Von Natur aus sind sie eben nicht geradlinig und logisch, sondern kreativ und synergetisch. So ist das nun mal mit Innenweltleuten. Und dies bedeutet, leider – Gott sei Dank, dass es nicht selten chaotisch zugeht.

Aber auch über das Chaos werden Sie hier eine Menge erfahren und Sie werden erstaunt sein, wenn Sie erkennen, dass ein Chaos nicht einfach nur eine große Unordnung ist, sondern im Gegenteil, der Beginn einer ganz neuen und höheren Ordnung. Denn Sie werden erfahren, dass es in der synergetischen Arbeit mit uns selbst kein *heilloses Chaos*, sondern immer nur ein *heilendes Chaos* gibt.

Aber so viel noch vorweg: Alles, was mit Synergetik zu tun hat, ist immer auch chaotisch, ein klein wenig anders und ein klein wenig komplexer, dafür aber weitaus kreativer und lebendiger.

Aber wieder zurück zu meinem Problem: Ich konnte Haushalt und Arbeit nur schwer miteinander verbinden. Vielleicht wäre es anders gewesen, wenn ich nicht hier zu Hause arbeiten würde. Ok. Ich hatte also ein Problem, ein Problem, dem ich den Namen *Versorgungsproblem* gegeben hatte. Dieses Problem tauchte dann natürlich in meinen Innenweltreisen auf.

Und da gab es einige in mir drin, die damit zu tun hatten. Da war an erster Stelle dieser *Zwerg*, der so herum hopste und immer so giftig lachte. Insbesondere, wenn ich mich aufregte, wenn ich in diesen Versorgungsstress geriet. Stellen Sie sich vor, dann lachte der! Und das machte mich dann richtig wütend. In den Innenweltreisen hatte ich viele Male versucht, ihn mit dem Dhyando zu treffen – was ein Dhyando ist, werden Sie selbstverständlich auch erfahren - in der Küche hab ich mit dem Messer nach ihm gehackt, mit dem nassen Küchenläppchen nach ihm geworfen, aber es war wie verhext: Der blöde Kerl war immer gerade nicht da, wo der Dhyando aufschlug, wo das Messer traf, wo das Läppchen, selbstverständlich ohne ihn getroffen zu haben, seine Pfütze in der Küche hinterließ.

Ich konnte ihn überhaupt nicht leiden und der hat dann in einer späteren Innenweltreise natürlich sein Fett noch von mir bekommen. Aber das ist eine andere Geschichte, die in diesem Buch zu weit führen würde, und die ich besser nicht erzähle. (Wenn Sie jetzt schon merken, wie sehr dies alles mit dem Kochen zu tun hat, haben Sie wirklich eine ganze Menge synergetisches Potential: Herzlichen Glückwunsch!).

Dann ist da noch der *Alte Weise*, der mir so oft freundlich zulächelte, denn er wusste, dass er mir dazu gar nichts mehr zu sagen brauchte, da ich es ohnehin schon längst wusste: Ich machte mir diesen Stress selbst. Ich konnte es kehren und wenden wie ich wollte: niemand außer mir war Schuld an meinem Dilemma. Eine Erkenntnis, die mich natürlich an meinem gesunden Menschenverstand zweifeln ließ.

Bernd Dhyan Joschko:

Begründer der Synergetik Therapie und des Profiling

Die Synergetik Therapie und das synergetische Profiling sind auf den Erkenntnissen der interdisziplinären Wissenschaft der Synergetik aufgebaut. Der Physiker und Mathematiker Hermann Haken, Begründer der Synergetik, hatte bereits festgestellt, dass das menschliche Gehirn ein sich selbst organisierendes System ist, und die Informationsverarbeitung im Gehirn beschrieben.

Die Grundlagen von Hakens Synergetik, sowie die Theorien der Nobelpreisträger Ilya Prigogines und Manfred Eigens, die die Phänomene der Selbstorganisation in chemischen, physikalischen und biochemischen Systemen erforschten, und deren Erkenntnisse in die Synergetik eingingen, bilden den theoretischen Hintergrund der Synergetik Therapie.

Begeistert von Hakens Erkenntnissen stellte der Physikingenieur Bernd Dhyan Joschko fest, dass es möglich ist, Selbstorganisationsprozesse im Gehirn *gezielt* auszulösen und dadurch die gegebene Informationsstruktur durch erneute innere Verarbeitung zu verändern. Diese Veränderungsarbeit geschieht in einem frei laufenden Prozess während einer Innenweltreise. Hierbei können die Informationsstrukturen in Form von Energiebildern wahrgenommen werden. Die durch den Selbstorganisationsprozess entstehende neue, noch nie da gewesene Ordnungsstruktur stellt sich für den jeweiligen Menschen immer als qualitativ höherwertiger heraus.

Bernd Joschko konnte schließlich nachweisen, dass es möglich ist, hindernde Lebenskonzepte, psychische Barrieren oder auch körperliche Beschwerden und Krankheiten mit Hilfe dieser neuartigen Methode aufzulösen. Denn das Gehirn arbeitet nachweislich synergetisch, das heißt, es strebt von sich aus immer die größtmögliche Lebendigkeit, Gesundheit und Harmonie des Menschen auf der körperlichen, psychischen und geistigen Ebene an.

1988 begründete Bernd Joschko die Synergetik Therapie als weltweit einzigartige Methode der Selbstheilung nach den natürlichen Gesetzmäßigkeiten der Selbstorganisation lebender Systeme. Mit der Sichtweise der modernen Systemwissenschaften ging er mit seiner Methode über das bisherige therapeutische Spektrum hinaus. Es wurde deutlich, dass der Begriff *Therapie* in der Synergetik vielmehr in seiner ursprünglichen Bedeutung zum Tragen kommt, nämlich als *Anleitung zum Höchsten*, bei der immer das geschieht, was dem Ganzen dient.

Da in der Synergetik Therapie nicht interpretiert wird, keine Symptome behandelt werden, keine Empfehlungen gegeben werden, kein Lern- und Verhaltenstraining praktiziert, keine zielorientierte therapeutische Arbeit bewirkt wird, sondern jede Veränderung, jede Entwicklung und jedes Heilungsgeschehen aus dem gesamten System heraus von selbst geschieht, findet Heilung auf höchstem Niveau statt.

In den kommenden Jahren baute Bernd Joschko das Synergetik Institut in Bischoffen-Rossbach (Hessen) auf, das seit 1992 nicht nur Therapie- und Forschungszentrum, sondern auch Ausbildungsstätte für die neuen Berufsbilder der Synergetik Therapie und des Profiling ist.

Mit der Synergetik Therapie und dem Profiling eröffnete Bernd Dhyan Joschko eine neue Dimension der therapeutischen Arbeit und der Bewusstseinsbildung.

www.synergetik-therapie.de
www.synergetik-profiler.de
www.synergetik-therapeuten.de

18

Die Innere Frau

Ja, vor allem aber war SIE da! SIE ist meine *Innere Frau*. Sie ist diejenige, die mir sehr hilft, mit Situationen, die mich schnell in Stress bringen, klar zu kommen. Und SIE ist es auch, die mir dazu verholfen hat, dass ich nun wieder richtig Freude am Kochen gefunden habe, so wie früher, wenn ich für meine Freundinnen und Freunde mit Vergnügen und Hingabe ein mehrgängiges Menü gekocht habe.

Gegen SIE hatte natürlich dieser Mistzwerg keine Chance. Sobald SIE auftauchte, war er schnell verschwunden. Seltsam fand ich nur, dass SIE auch ihm immer dieses eigentümliche Lächeln schenkte, von dem ich anfangs dachte, es gelte nur mir.

Meine *Innere Frau* ist, seitdem ich sie in einer Innenweltreise kennen lernen durfte, eine meiner vertrautesten Innenweltleute und sie ist meine ständige Begleiterin, wenn es um Schönheit und Ästhetik geht, wenn es ums Malen geht, um Farben und Licht, um ein besseres Feng Shui im Garten oder auch einfach ums Kochen. Mit ihr ist dies alles interessant, kreativ und immer ein wenig anders. Niemals gibt es Situationen, die langweilig sind oder die es vorher schon einmal gab. Alles ist immer ganz neu.

SIE war es denn auch, die mich in meinem Versorgungsproblem tatkräftig unterstützte. Zunächst einmal gab sie mir den Rat, niemals zu kochen, wenn ich nicht wirklich Lust hätte, wenn ich es nicht aus dem Herzen heraus und mit Liebe täte. Kochen sei schließlich ein kreativer Prozess und darüber hinaus ginge es ja nicht einfach bloß um die Herstellung eines Essens. Liebe ginge schließlich durch den Magen, das wisse doch jede und außerdem müsse ein Essen ein sinnlicher und ästhetischer Genuss sein. Darüber hinaus sei das Essen ein Gemeinschaftserlebnis und hätte Auswirkungen auf die Psyche und damit auf das Wohlbefinden aller usw.

Sie hielt mir eine gepfefferte Predigt. Wusste ich eigentlich alles schon, nur: Warum hatte ich das bloß vergessen? Warum war mir das Kochen und noch so einiges andere zur Last geworden?

Aber jetzt war SIE ja da und jetzt wurde alles leichter und vor allem *anders*.

Ich nahm mir vor, in diesem Sommer mehr Farben auf den Tisch zu bringen, gesündere Kost zu servieren und mir mehr Mühe zu geben.

Eigentlich war es doch ganz einfach. Andreas, mein Mann, ist ganz unkompliziert. Er isst fast alles, kann jedem Essen etwas abgewinnen und meckert so gut wie nie. Dabei kann er jeden Tag eine andere Gemüsepfanne mit Nudeln verdrücken. Es schmeckt ihm immer. Aber Mitja, unser Sohn, hat zunehmend was zu meckern. Hängt vielleicht mit der Vorpubertät zusammen.

Am liebsten mag er Rotkohl mit Knödeln und Rouladen. Das gibt es natürlich nur, wenn die Großeltern zu Besuch bei uns sind und wenn Kaffenbergers, das ist unser Bioladen, eigenes Rindfleisch im Angebot haben. Dabei ist dies ein relativ aufwendiges Menü, noch dazu wenn sieben am Tisch sitzen. Es macht mir aber Freude, es zu kochen, weiß ich doch, dass es alle mögen, insbesondere natürlich Mitja.

Rotkohl mit Rouladen und Knödeln

Rotkohl

1 kleiner, fein geschnittener Rotkohl
etwas Öl – Rotkohl darin schmoren
1-2 Tassen Wasser - ablöschen
1-2 süße Äpfel
2-3 Lorbeerblätter
4-5 Nelken
Salz
2 Essl. Pflaumenmus
Alles unter mehrmaligem Umrühren in ca. 45 Min. gar schmoren
und mit in Wasser gelösten 2 Essl Maismehl binden.

Rinderrouladen

4 Rinderrouladen
Senf
1 Zwiebel
(etwas Geselchtes oder Speck)
Rouladen mit Senf bestreichen, über 1 Zwiebel viertel (und wenn
Sie möchten einem Streifchen Speck oder Geselchtem) aufrollen
und mit Zwirn zusammenbinden. In Olivenöl braun anbraten.
Rouladen herausnehmen und
1 gehackte Zwiebel anbraten, Rouladen hinzu, mit Wasser ablöschen, so dass die Rouladen fast bedeckt sind.
2 Lorbeerblätter
7 Wacholderbeeren
Salz, Pfeffer und evtl. etwas Gemüsebrühe hinzu.
Das ganze im Schnellkochtopf 15 Minuten garen
Mit in Wasser angerührten 2-3 Esse. Maismehl binden.

Semmelknödel

8 in Würfel geschnittene Brötchen
3/8 l Milch
20 g Butter
(50 g Speckwürfel)
1 gehackte Zwiebel
½ Bund gehackte Petersilie
3 Eier
Salz, Muskat

Die Brötchenwürfel in der Milch einweichen, (Speck und) Zwiebelwürfel in der Butter goldgelb dünsten, und zu der Brötchenmasse geben. Restliche Zutaten unter mischen und aus dem Teig Knödel formen. Falls der Teig nicht genug formbar ist, etwas Semmelbrösel dazu geben.

Die Knödel in kochendes Salzwasser legen und sanft ca. 15–20 Minuten ziehen lassen, dabei mehrfach wenden.

Spaghetti mit Pesto

Letzten Sommer habe ich wochenlang Spaghetti mit Pesto gekocht. Ich hatte einfach keine Lust mehr, mich so abzuarbeiten und dann auch noch zu hören: *Das schmeckt mir nicht!* Ich war es satt, die heraus gepickten Gemüsestücke nach dem Essen von Mitjas Teller zu entsorgen, die ich zuvor mühsam geputzt, gewaschen, zerkleinert und zubereitet, und meist auch noch selbst im Garten gezogen hatte. Schön gesund, versteht sich.

Jetzt dachte ich an meine eigene Gesundheit, vor allem an die psychische: ich würde mir das jetzt nicht mehr antun. Also: Spaghetti mit Pesto! Das ging schnell, es gab nichts zu meckern und mein Versorgungsproblem schrumpfte in diesen Wochen auf ein Minimum.

Natürlich hatte ich die Hoffnung, dass unser Kind eines Tages sagen würde: *Gibt es denn bei uns nur noch Spaghetti mit Pesto?* Genau das würde dann der Augenblick sein, wo ich wieder vernünftiges und gesundes Essen auf den Tisch zaubern könnte.

Aber es kam anders. Inzwischen hatten Andreas und ich uns dermaßen an Spaghetti mit Pesto gewöhnt, dass wir geneigt waren, dieses Gericht bis ans Ende unserer Tage zu essen. Ich hatte nun auch ein eigenes Pesto kreiert, das ich Ihnen nicht vorenthalten möchte. Und als dann tatsächlich der anfangs erhoffte Satz über die zarten Lippen unseres Sohnes kam, waren wir eigentlich nicht sonderlich begeistert: *Gibt es denn bei uns nur immer Spaghetti mit Pesto?*

Aber der Sommer ist vorbei gegangen und jetzt sollte es wirklich anders werden.

Pesto

2 Hände voll fein gehackte frische Kräuter
¼ l kalt geschlagenes Olivenöl
2 – 5 fein gehackte Knoblauchzehen
4 Essl. gemahlene Sonnenblumenkerne
6 Essl. gemahlene Mandeln
Salz

Die Kräuter im Olivenöl mit dem Pürierstab mixen, alle übrigen Zutaten hinzufügen und vermischen, alles in ein verschließbares Glas abfüllen. Innerhalb einer Woche aufbrauchen.
Besonders gut schmecken im zeitigen Frühjahr frische Bärlauchblätter. Dann sollten Sie allerdings auf die Zugabe von Knoblauch verzichten.

Nehmen, was da ist

Eines Tages stand ich in der Küche und überlegte, was ich kochen sollte.

Ich machte also den Kühlschrank auf: Nichts! 1 Ei, 1 Päckchen Meerrettich, Kräuterfrischkäse, 1 Becher Sahne, Milch, etwas Käse, Marmelade, PESTO.

Ich sah nach im anderen Schrank: verschiedene Getreidesorten, Hülsenfrüchte. Als mein Blick auf die Linsen fiel, dachte ich an Aschenputtel. Ich hatte gerade ein Referat zu einem Märchenseminar abgeschlossen. *Die Guten ins Töpfchen, die schlechten ins Kröpfchen.* Plötzlich stand SIE neben mir!

Sie: Mach doch einen auf Aschenputtel!

Ich: Wie, beim Kochen oder was?

Sie: Klar, wieso nicht?

Ich: Ach, Linsen, was soll ich denn mit Linsen machen?

Sie: Nimm die Linsen!

Ich: Wieso ausgerechnet die Linsen? Ich könnte doch auch...

Sie: Nimm die Linsen!

Ich: Na, gut, wenn du meinst. Aber was soll ich dazu machen?

Sie: Schau mal, wie lange die kochen müssen

Ich : Ah, nur 20 Min. Das macht im Schnellkochtopf ganze sieben!

Sie: Ja, nun guck, was noch da ist

Ich: Da ist noch... Es fiel mir dieser Gedanke ins Hirn: Kann man synergetisch kochen?

Sie: Warum nicht! Nehme, was da ist und mach das Beste daraus!

Also: ich nahm die Linsen, da fand ich noch getrocknete Pflaumen, eine Zwiebel, Mehl und entsprechende Gewürze, sowie Olivenöl und selbst gebasteltes Knoblaucholivenöl. So!

Und jetzt konnte es losgehen.

Als wir dieses märchenhaft synergetische Essen kreierten, haben wir viel gelacht. Aus dem etwas zu fest geratenen Teig sollten irgendwelche Nudeln werden, aber wie? SIE meinte, ich sollte mal eine Rolle daraus formen und dann könnte ich doch *Scheibchen zieh*en – und schon ging das Gelächter los.

Sie müssen nämlich wissen, dass das sogenannte *Scheibchen ziehen* zum Handwerkszeug einer Synergetik Therapeutin gehört. In der Synergetik Therapie umfasst das *Scheibchen Ziehen* verschiedene Interventionsmöglichkeiten, mit denen schwer zugängliche oder erstarrte Bereiche auf einfache Weise erreicht werden können. Wenn ein Prozess stockt, genügt in vielen Fällen ein kleiner Anstoß von außen, um ihn wieder in Gang zu bringen. Das *Scheibchen ziehen* ist so eine Art Impuls, der innerhalb der Informationsstruktur des Gehirns Veränderungen bewirken kann. Unser Gehirn ist nicht nur wahnsinnig kreativ, sondern es ist auch ein dynamisches System.

Aus der Chaosforschung wissen wir, dass es innerhalb von dynamischen Systemen zu einer Reihe von seltsamen Entwicklungsverläufen kommen kann, aus denen plötzlich unvorhersehbare neue Zustände und Ordnungen entstehen können. Diese Entwicklungen bewirken, dass es überhaupt zu Veränderungen kommen kann. Es sind Prozesse, die sich ständig in der Natur vollziehen, und die letztlich die ganze lebendige Vielfalt des Lebens erzeugen.

Die Voraussetzung für das Entstehen von neuen Ordnungen aber sind *Chaoszustände.* Jede neue Entwicklung, jedes evolutionäre Geschehen setzt solche chaotischen Zustände voraus, denn im Chaos liegen immer eine Vielzahl von Möglichkeiten, aber nur die momentan sinnvollste aller dieser Möglichkeiten setzt sich schließlich durch. Deshalb ist alles lebendige Geschehen in der Natur immer sinnvoll, wobei dies nicht heißen muss, dass wir auch damit einverstanden sind.

Denken Sie etwa an eine Krankheit, wer will schon krank sein? Aber auch eine Krankheit ist ein sinnvolles Geschehen, denn sie entsteht aus der Ganzheit des Systems Mensch und hat innerhalb dieser Ganzheit einen ganz bestimmten Ausdruck. Eine

Krankheit zeigt den momentanen Zustand des gesamten Menschen auf, sie ist also immer wahrer Ausdruck dessen, was gerade ist. Sie ist also ein ganzheitlicher Ausdruck von uns selbst, gleich, ob es sich um Diabetes oder um einen Schnupfen handelt.

In der Synergetik Therapie kann ein *Scheibchen* zum Beispiel das Einspielen eines Geräusches sein, welches dann vom Gehirn in den laufenden inneren Film eingebaut wird und eine Veränderung bewirken kann. Ein Scheibchen ist vergleichbar mit dem berühmten *Flügelschlag des Schmetterlings*, der einen Hurrikan auslösen kann. Diese neue, aus der Chaosforschung bekannte Redensart besagt ja nichts anderes, als dass wir eben nicht alles vorhersagen können, wie es die klassische Wissenschaft glaubte. Es besagt, dass selbst kleinste Veränderungen innerhalb eines dynamischen Geschehens, zum Beispiel innerhalb eines lebenden Organismus, große Veränderungen bewirken können.

Aus diesem Grund hat Bernd Joschko das *Scheibchen Ziehen* für die synergetische Prozessarbeit entwickelt. Ein *Scheibchen* ist eigentlich eine unbedeutende Kleinigkeit, aber es kann innerhalb eines laufenden Prozesses große Veränderungen bewirken.

Und nicht selten ist es tatsächlich so ein kleines *Scheibchen*, das eine ganze Struktur zum Kippen bringt. Natürlich wissen wir nicht, welches *Scheibchen* nun tatsächlich eine verändernde Wirkung herbeiführen kann. Das können wir auch nicht wissen, denn die Abläufe in der Natur, die Prozesse, die sich innerhalb lebender Systeme ereignen, sind so vielgestaltig und komplex, dass wir niemals alles gleichzeitig erkennen könnten.

Alle Organismen bestehen zwar aus Atomen und Molekülen, aber um leben zu können, brauchen sie eine Organisationsstruktur, welche die Fähigkeit der Kommunikation beinhaltet. Organismen sind Systeme, welche die Fähigkeit zur Rückkoppelung und Selbstregulation besitzen. Mit anderen Worten: Sie sind zur *Selbstorganisation* fähig. Selbstorganisation wiederum ist die Voraussetzung dafür, dass lebende Systeme, zum Beispiel auch unser Gehirn, das komplexeste System, das wir kennen, aber auch wir selbst als ganzer Mensch mit allem, was uns ausmacht, überhaupt lebensfähig sind.

Wir bestehen eben nicht nur aus Atomen, Molekülen, Organen usw., also letztlich aus Materie, sondern wir unterliegen auch einer Informationsstruktur, welche in der Lage ist, die ganze Komplexität unseres Lebens zu steuern und zu verwalten. Mit anderen Worten: Leben besteht aus den Komponenten von Materie und der Organisation eines ständigen Informationsflusses und beide Komponenten durchdringen sich und bilden ein Ganzes.

Wir können auch sagen, die Materie ist beseelt von etwas Geistvollem, es ist so etwas wie eine tiefe Weisheit, die dem Leben innewohnt und diese Weisheit ist es letztlich, die uns steuert und lebendig sein lässt.

Aber allen diesen Dingen werden Sie in diesem Buch auf die ein oder andere Weise begegnen, ob Sie es merken oder nicht. Sie mögen Ihnen logisch oder auch gänzlich unlogisch erscheinen. Immer dann aber, wenn Sie den Eindruck haben, dass es ein bisschen seltsam oder sonderbar zugeht, dann sind Sie vermutlich an einer Stelle angelangt, wo ein neues Paradigma aufleuchtet, wo Ihre gewohnte Sichtweise der Welt vielleicht eine Veränderung erfährt.

Liebe Leserin, jetzt sind wir von der einfachen Nudel zum Scheibchen und vom *Scheibchen Ziehen* zu einer veränderten Sichtweise der Welt gekommen. Daran können Sie sehen, dass selbst kleinste Veränderungen zu großen Wirkungen führen können – aber natürlich nicht führen müssen.

Diese neue Sichtweise, die sich mit der Begründung der modernen Physik immer weiter entwickelt und eine ganzheitliche Auffassung des Lebens ins Bewusstsein gebracht hat, ist auch die Sichtweise der Synergetik Therapie.

Über all diese Dinge unterhielten wir uns, als ich die Scheibchen von der Teigrolle schnitt um sie dann in das sprudelnde Chaos des kochenden Wassers gleiten zu lassen.

SIE stand neben mir in IHREM orange-gelb-grünen Chiffonkleid, barfuß wie immer, und beäugte mich schmunzelnd. Eine IHRER rot goldenen Haarsträhnen kringelte sich auf der Küchentheke und glänzte im Sonnenlicht.

Aschenputtel mit Scheibchen

Aschenputtel

200 g Linsen
2 gehackte Zwiebeln
etwas Olivenöl
4-6 gehackte Backpflaumen
Paprikapulver, Pfeffer, Salz und 1 Teel. Honig
Die Linsen 5-7 Minuten im Schnellkochtopf kochen. Zwiebeln in
dem Öl glasig dünsten, die Backpflaumen dazu geben und etwas
mit dünsten. Zum Schluss die Linsen dazu geben und würzen.
Abbinden mit ½ Päckchen Kräuterfrischkäse und 5 Essl. Sahne.

Scheibchen

200 g Weizenmehl
100 g Reismehl
(oder 300 g Weizen- oder Dinkelmehl)
1 Essl. Knoblauchöl
Salz
evtl. Kräuter (z.B. Majoran oder Dill)
mit der entsprechenden Menge Wasser zu einem geschmeidigen
Teig verarbeiten. Aus diesem eine Rolle von ca. 5 cm Durchmesser formen und dünne Scheiben von der Rolle abschneiden.
Diese in kochendem Wasser ca. 10-15 kochen.
Die abgeschütteten Scheibchen in eine Auflaufform geben und
Aschenputtel darüber geben. Alles mit einigen Schnitzeln Käse
belegen und gut überbacken. Mit frischen gehackten Kräutern
servieren.
Dazu eignet sich ein Rote Beete Salat oder ein frischer Blattsalat,
z. B. ein Feldsalat.

Aschenputtel

Aschenputtel steht also am Anfang einer neuen Kochkreativität und am Anfang dieses *Kochbuches*. Eigentlich ganz nett, denn ich mag dieses Märchen sehr. Außerdem passt es auch sehr gut in diesen Rahmen hier, finden Sie nicht? Immerhin verbringt die Heldin den größten Teil ihrer Zeit in der Küche. Ihr Platz ist am Herd. Hier hütet sie das Feuer, hier schläft sie und hier liest sie die Linsen aus der Asche.

Wenn man bedenkt, dass Asche in vielen kultischen Handlungen als heilig gilt, weil sie die unwandelbare Materie darstellt, die durch das reinigende Feuer gegangen ist, dann gewinnt der Platz am Herd natürlich eine ganz andere Bedeutung. Man sollte sich das wirklich klar machen, wenn man seine Küche betritt.

Aber Aschenputtel ist nicht nur ein Märchen, in dem die Küche bzw. der Platz am Herd als Ort der Reifung und der Wandlung vorgestellt wird. Aschenputtel ist auch das klassische Beispiel einer synergetischen Innenweltreise bzw. einer *Session*. Denn statt resigniert die Hände in den Schoß sinken zu lassen, wenn diese blöde Stiefmutter ihr die Linsen in die Asche schüttet, macht das Mädchen einfach eine Session.

Sie ruft die Vögel, und man weiß ja, dass Vögel in allen Kulturen Boten der Seele und der geistigen Welt sind.

Bei allen schwierigen Verrichtungen und schier unlösbaren Aufgaben helfen ihr die Vögel, mit denen Aschenputtel im Verlauf der ganzen Session in Verbindung bleibt. Beim Verlesen der Linsen, am Grab der Mutter, bis zum Schluss, wo die Tauben diesem dämlichen Prinzen die Augen öffnen für die wahre Braut und die Augen der falschen Bräute für immer verschließen.

Aschenputtel lässt sich von der Weisheit ihrer Seele führen und gelangt folgerichtig immer an die für sie zentralen Orte. Das ist genau das, worum es in einer Session geht. Einer dieser Orte ist das Grab der Mutter. Aschenputtel weint, die Emotion kann jetzt abfließen und wir sehen sogleich das Resultat: Ihre Tränen haben den Haselstrauch gegossen, der nun unerbittlich zu einem großen Baum heranwächst und ihr dann später die Klamotten herunter wirft, die sie für dem Ball braucht. Sie spricht ihn direkt an: *Bäumchen rüttel dich und schüttel dich, wirf Gold und Silber über mich.* Und siehe da: Der Baum reagiert prompt! Alles genau so wie in einer synergetischen Innenweltreise: Wir sprechen etwas an und es reagiert. Wir sagen, was uns nicht passt und es wird anders. Einfach toll!

Die böse Stiefmutter mit ihren beiden Töchtern ist das typische Muster einer schwierigen Situation während einer Innenweltreise. Sie sind die harten Brocken, an denen man ordentlich zu kauen hat. Aber genau diese sind es dann letztlich, welche die wesentlichen Dinge vorantreiben und das heilende Chaos verursachen, aus dem dann eine ganz neue schöpferische und höherwertige Ordnung entsteht. Denn wir wissen ja: Gut gekaut ist halb verdaut!

Auf diese Weise hat denn auch Aschenputtel ihren Märchenprinzen bekommen. Natürlich wissen wir nicht, welche Erfahrungen sie dann letztlich mit ihrem Prinzen gemacht hat, ob sie wirklich glücklich waren bis ans Ende ihrer Tage oder ob sie sich nicht schon nach einem Jahr haben scheiden lassen, denn das Märchen hört ja an dieser Stelle auf.

Im richtigen Leben ist es ja ganz anders. Wenn wir einen Partner gefunden haben, merken wir in der Regel nach einer Weile die ersten Knackpunkte. Wir erkennen, dass er gar nicht der Prinz ist, für den wir ihn anfangs hielten. Wir geraten mit ihm aneinander und merken dann mit der Zeit, dass er uns unsere eigenen Schattenseiten auf dem Silbertablett serviert. Na Klasse!

Bei manchen ist es sogar so, wie in dem Märchen vom Froschkönig, nur umgekehrt: Hatten sie anfangs einen schönen Prinzen im Bett, so liegen sie jetzt neben einem kalten Frosch. Igitt! Wollten Sie so was Kaltes im Bett haben? Na ja, und am Tisch sitzt der dann ja auch noch, und will vom goldenen Tellerchen essen, genau wie im Märchen. Da kann einer schon der Bissen im Halse stecken bleiben, nicht?

Zum Glück habe ich einen aufgeschlossenen und wandlungsfähigen Prinzen abgekriegt. Mit ihm macht es Freude, sich weiter zu entwickeln, mit ihm ist es möglich, auch das jeweils eigene

Potential zu entfalten und sich damit gegenseitig zu unterstützen. Aber natürlich war das keineswegs von Anfang an so. Wir haben ganz schön dafür gerackert und nicht jeden Tag war eitel Sonnenschein, das können Sie mir glauben. Jede Entwicklung braucht halt ihre eigene Zeit und ich glaube, wenn wir verstehen, was der tiefere Sinn einer jeden Begegnung in unserem Leben ist, sind wir auf dem besten Wege zu uns selbst.

Ja, nun kennen Sie die ganze Wahrheit über das Gericht vom Aschenputtel, das wir genauso gut auf die Formel *Aus zwei mach eins* bringen können. Aber ich muss jetzt wieder in die Küche, SIE wartet schon.

SIE: Du kannst die Rezepte aufschreiben und dann, wenn du genügend zusammen hast, schreibst du ein Kochbuch.

Ich: Ein Kochbuch? ICH?

SIE: Klar, ist doch nett.

Ich: Es gibt Kochbücher wie Sand am Meer.

SIE: Ja, aber es gibt kein synergetisches Kochbuch.

Ich: Ein synergetisches Kochbuch? Was meinst du damit?

SIE: Ist doch ganz einfach: Beim Kochen hast du es doch ständig mit synergetischen Prozessen zu tun: Eine Flüssigkeit beginnt zu kochen, Dampf bildet sich, du hast ein Chaos im Wasser, wenn du Nudeln oder *Scheibchen* rein schüttest. Bei jeder Energiezufuhr wird etwas bewegt, etwas verändert. Wenn du Filetsteaks brätst, wartest du, bis sich in der Pfanne die berühmten Bénardschen Zellen bilden, bevor du die Steaks einlässt. Du machst den Kochkäse und gibst es ihm am Schluss, wenn du das Natriumhydrogenkarbonat hinein streust. Alles synergetische Prozesse.

Ich: Ja, aber das interessiert doch niemand. Am wenigsten mich. Wenn ich koche, dann will ich doch nichts mit Physik zu tun haben, am wenigsten mit diesem Bénard. Ich denke doch nicht über Konvektionsströme nach, wenn ich die Steaks ins Fett lege. So ein Quatsch!

SIE: Ok. Aber wenn du den richtigen Zeitpunkt erwischst, wird dein Steak vortrefflich. Es gibt mittlerweile Köchinnen, die das durchaus beachten.

Ich: Mag sein, aber mich interessiert das nicht. Außerdem mag ich keine Steaks!

SIE: Du kannst ja auch das Zusammenwirken der Gewürze oder der verschiedenen Speisen eines Menüs synergetisch sehen. Oder du kannst die Farben eines Menüs unter synergetischen Gesichtspunkten betrachten. Synergetik ist doch die *Lehre vom Zusammenwirken*. Und aus der Kunst weißt du doch: *Gleiche Farben und Formen ergeben im Bild eine Einheit*. Da hast du das Prinzip der *Selbstähnlichkeit*, das ist ein synergetisches Gesetz! Außerdem ist das der Standardsatz von deiner Kunst- und Mallehrerin Ursula Vaidya, die dich ja noch was ganz anderes gelehrt hat, nicht? Über sie hast du Jean Gebser kennen gelernt, vergiss das nicht!

Ich: Ja, du hast vollkommen recht. Das mit dem Zusammenwirken der Formen und Farben gefällt mir schon.

SIE: Siehst du! Machs wie Aschenputtel. Fang doch einfach mal an und dann wirst du ja sehen, was daraus wird. Geh doch einfach mal ganz spontan in die Handlung. *Mach mal*, kann ich da nur sagen, um deine Freundin Cornelia Löhmer zu zitieren.

Ich: Wirst du mir denn helfen, dieses *Kochbuch* zu schreiben?

SIE: Klar, den Anfang haben wir ja gerade gemacht.

Und SIE schenkte mir dieses überwältigende Lächeln, das nur SIE allein so lächeln kann.

Reichelsheimer Sauerkraut

Jetzt wissen Sie Bescheid. So hat das mit dem Buch hier angefangen.

Als ich in der kommenden Zeit am Schreibtisch saß, fing SIE schon zeitig an, unruhig zu werden. Sie trieb mich zum Einkaufen. Stundenlang suchte sie dann die geeigneten Äpfel, das frischste Obst und das bunteste Gemüse aus. Dabei fand sie mit einer Treffsicherheit, die mich erstaunte, immer Sorten, die aus der Gegend waren. SIE griff stets nach dem Gemüse und den Früchten, die bei Kaffenbergers auf den Feldern im Gersprenztal gewachsen waren. *Global denken, lokal handeln*, pflegte SIE dann zu sagen, und ihr Lächeln erhellte den Bioladen.

Dabei trippelte SIE barfuß wie immer über die kühlen Fliesen im Laden und ich fragte SIE, ob sie denn keine kalten Füße bekäme.

SIE: Innenweltleute bekommen doch keine kalten Füße. Sie frieren überhaupt nie. Es sei denn, dass der Mensch, in dem sie wohnen, eine Kälte in der Seele hat.

Ich: Dann darf ich wohl davon ausgehen, dass ich innen drin relativ warm bin?

SIE: Im Augenblick ja, aber glaub bloß nicht, dass es bei dir da drin nicht auch noch den ein oder anderen Eisschrank gibt, bei dem es sich durchaus lohnt, ihn mal abzuhauen.

Da hatte ich mein Fett. Aber alles in allem war SIE stets guter Dinge und ich merkte, dass mir das Einkaufen plötzlich keine Last mehr war, so wie die ganze Zeit vorher. Nein, mit IHR machte es mir plötzlich Freude. Auf der Fahrt hörten wir Maria Dolores Pradera, die IHR ganz besonders gefiel. Sie wippte dann mit IHREM Fuß im Takt und strahlte IHR atemberaubendes Lächeln aus dem Auto hinaus in dieses trostlose Reichelsheim, das mir plötzlich viel schöner vorkam, als in den letzten Monaten, oder waren es schon Jahre?

SIE: Heute kochen wir Sauerkraut.

Ich: Hm, finde ich lecker, Mitja und Andreas mögen es auch. Komisch, das habe ich schon so lange nicht mehr gekocht. Ich glaube, ich hatte das ganz vergessen. Sauerkraut! Dazu könnten wir Meerrettichsoße machen, was hältst du davon? Meerrettich ist sehr gesund und enthält eine Menge natürliches Antibiotika.

Sie: *Biotika*, wolltest du wohl sagen.

Ich: Ich wusste gar nicht, dass du neue Wörter kreieren kannst.

SIE: Nicht neue, aber *wahre!*

Ich: Früher habe ich oft Sauerkraut gekocht und die verschiedenen Möglichkeiten ausprobiert, Meerrettich zuzubereiten: mit Rosinen oder eingeweichten Brötchen, wie das meine Mutter immer macht, mit Sahne oder Milch, mit Äpfeln, wie beim Wiener Apfelkren, dem Lieblingsgericht Kaiser Franz Josephs. In Österreich heißt Meerrettich nämlich Kren. Ja, vielleicht sollten wir einen Tafelspitz dazu machen, was meinst du?

SIE: Ja, finde ich prima. Wir kaufen den Tafelspitz bei Trautmanns und das Sauerkraut im Gemüseladen in Reichelsheim. Da ist es frisch, das ist am gesündesten. Vielleicht gibt es da auch frischen Meerrettich.

Ich: Nee, ich will keinen Meerrettich reiben! Seitdem der Entsafter von Tante Friedel kaputt ist, kaufe ich Meerrettich nur noch fertig gerieben. Wir nehmen den, den ich noch im Keller habe, öko.

In der Metzgerei Trautmann in Reichelsheim kauften wir also den Tafelspitz, den Herr Trautmann (der Jüngere) wie eine Trophäe durch den Laden trug – und eine Trophäe war er ja auch, nur dass Herr Trautmann das eigentlich nicht wissen konnte. Vielleicht war er für ihn auch so eine Art von Trophäe, aber sicher ganz anders als für uns.

Herr Trautmann jedenfalls sah nur mich, sprach nur mit mir und hatte natürlich keine Ahnung davon, dass auch SIE da war. Wir kicherten und SIE deutete auf ein Körbchen, das da im Schaufenster stand, und dass haargenau demjenigen glich, in welchem SIE in IHRER Hütte getrocknete Cannabisknospen aufbewahrte.

Wir schlenderten zum Gemüseladen, in dem diese nette Frau arbeitete. Keine Ahnung, ob ihr der Laden gehörte, inzwischen ist wieder jemand anderes drin, schade. Jedenfalls schenkte sie mir immer einen Apfel. Eines Tages sagte ich ihr, dass ich nur, wenn ich sehr in Eile sei, in ihrem Laden einkaufen würde, dass ich keine Stammkundin sei und wohl auch keine werden würde. Sie sollte mir doch nicht immer einen Apfel schenken. Wir würden sonst alles im Bioladen kaufen und ich fände es schade, dass sie keine Bioprodukte in ihrem Laden hätte. Ach, diese nette Frau, sie sagte, dass ich meinen Apfel bekäme wie alle anderen auch. Bioprodukte könnte sie leider nicht verkaufen, auch wenn sie es wollte, die *gingen hier nicht.* Ein trauriges Resultat für die Reichelsheimer Hausfrauen.

Einmal haben Mitja und ich dann einen solchen Apfel genommen und ausgependelt. Im Vergleich zu einem Bioapfel schnitt der Apfel aus dem Gemüseladen denkbar schlecht ab. Ich habe das danach nicht wieder getan, aus Sympathie zu dieser netten Frau.

Aber ihr Sauerkraut! Wenn sie schon den Deckel zu ihrem Topf öffnete, und dieser unglaubliche Geruch sich im Laden ausbreitete, dann lief uns schon das Wasser im Munde zusammen. Kennen Sie diesen Geruch? Er ist mit nichts vergleichbar. Dabei ist rohes Sauerkraut total gesund! Eigentlich sollte man jeden Tag etwas davon essen. SIE wusste das natürlich auch, und SIE konnte es nicht bis zu Hause abwarten, sondern musste schon auf der Straße eine Portion davon verdrücken. Ich übrigens auch!

Nur gut, dass Innenweltleute für normale Menschen nicht so ohne weiteres zu erkennen sind. Direkt zu sehen sind sie ohnehin nur von den Menschen, in denen sie leben. Was wohl die Reichelsheimerinnen sagen würden, wenn sie SIE sehen könnten? Sie würden sich sicher fragen, wer das sei, wo die her käme und was die wohl in ihrem Dorf zu suchen hätte. Ob ich es dann mit ihnen verscherzt hätte?

36

Wir schlenderten durch die Bismarckstraße und SIE entdeckte einen ganz wundervollen grünen Stockschirm vor dem Eingang der Drogerie Rodenstein. Natürlich musste SIE ihn sofort aufspannen, was mir etwas peinlich war, denn im gleichen Moment blickte Martina Arras, die Inhaberin des Ladens, aus der offen stehenden Tür und grüßte freundlich. Im ersten Moment hatte ich wirklich den Eindruck, dass sie SIE gesehen hatte. Aber das konnte nicht sein. Nur ich konnte SIE sehen. Aber was war mit dem aufgespannten Schirm?

Ich zog SIE schnell weiter Richtung Eisentreusch, wo wir noch eine Flasche Weißwein kaufen wollten. Seit einiger Zeit verkauften sie in ihrem Haushaltswarengeschäft ökologische Weine, von denen ich einige bei der Weinprobe an den letzten Sagen- und Märchentagen gekostet hatte. Ich plauderte ein wenig mit Irene und wir wählten einen Riesling. SIE schien es zufrieden zu sein und nun war SIE es, die mich drängte. SIE freute sich auf das Kochen und erzählte von der blutreinigenden Wirkung des Wacholders und dass wir unbedingt Wacholderbeeren ins Sauerkraut tun müssten. Ich wäre gern noch in den Fotoladen gegangen um ein wenig mit Karl zu plaudern, aber SIE hatte es jetzt wirklich eilig nach Hause zu kommen, so dass wir uns auf den Heimweg machten.

Wir kochten Sauerkraut, Kartoffeln und Tafelspitz mit Meerrettichsoße.

Dazu muss ich Ihnen gestehen, dass ich die österreichische Küche ganz besonders schätze. Tafelspitz mit Apfelkren gehörte nicht nur zu den Lieblingsmenüs Kaiser Franz Josephs, sondern wohl auch zu denen meines Schwiegervaters. Gibt es für eine Köchin etwas netteres, als ein zufriedenes Gesicht nach dem Essen? Mein Schwiegervater ist in der Lage, ein solches – dankenswerter Weise, wie ich finde – nach dem Genuss dieses Menüs zu präsentieren.

Inzwischen habe ich das Wiener Apfelkren, welches man kalt serviert, mit der Zeit in eine einfachere und warme Variante abgeändert, die aber auch kalt eine Delikatesse ist.

Ich koche den Meerrettich auch nicht mehr so wie meine Mutter, nämlich mit eingeweichtem Brötchen, sondern eben auf meine Art mit fein geriebenem Apfel und Sahne. Im folgenden Menü werden Sie beide Varianten der Zubereitung von Meerrettich kennen lernen.

Besondere Beachtung verdient in diesem Menü der Nachtisch, denn er ist eine Köstlichkeit, die wir zu Hause fast jeden Morgen zum Frühstück essen. Und wenn es sie eine Weile nicht gibt, vermissen wir sie direkt körperlich. Es ist die berühmte *Hirneisecreme*. Wir nennen sie so, weil ich sie eines Tages in einem Buch gefunden habe, was, wie ich finde, in keinem Haushalt fehlen sollte: *Chemotherapie heilt Krebs und die Erde ist eine Scheibe – Enzyklopädie der unkonventionellen Krebstherapien*. Dieses Buch hat Lothar Hirneise geschrieben, einer der Mitbegründer der Krebsorganisation *Menschen gegen Krebs e. V.*

Er klärt darin nicht nur über konventionelle Krebstherapien auf, sondern beschreibt vor allem eine Reihe erfolgreicher alternativer Krebstherapien. Hirneise macht deutlich, welche wichtige Rolle gerade die Ernährung bei Krankheiten wie Krebs spielt. In diesem Zusammenhang beschreibt er die *Öl-Eiweiß Kost* der weltbekannten Krebsforscherin Johanna Budwig. Ja, und eine berühmte Speise dieser gesunden Kost ist eben die Öl-Eiweiß-Creme, die wir zu Hause *Hirneisecreme* nennen, obwohl sie eigentlich *Budwig-Creme* heißen müsste. Ich glaube, ich werde das jetzt mal ändern.

Diese Creme ist jedenfalls Teil unserer täglichen Mahlzeiten, und wir essen sie morgens zum Frischkornmüsli oder auch mit Obst und allen möglichen geschmacklichen Veränderungen als Nachtisch. Bis jetzt hat sie allen geschmeckt, die sie gekostet haben, und einige haben sie für sich zu Hause übernommen. Sie finden das Rezept der *Budwig-Hirneise-Creme mit Zimt* im folgenden Menü als Nachspeise.

Das Festtagsmenü

Tafelspitz mit Apfelmeerrettich und Sauerkraut

Tafelspitz

1 küchenfertiger Tafelspitz
5 Wacholderbeeren
2 Lorbeerblätter
100 g fein geschnittenen Sellerie oder gehackte Sellerieblätter
Den Tafelspitz kalt abbrausen, mit den Zutaten in ½ l Wasser im
Dampftopf 20 Minuten kochen.

Sauerkraut

1 fein gehackte Zwiebel
(2 Essl. Speckwürfel)
1 Essl. Süßrahmbutter
300 g mildes frisches Sauerkraut
5 Wacholderbeeren
1 Essl. Honig
(150 g Schmand)
Zwiebel (und Speckwürfel) in der Butter glasig dünsten, Sauerkraut, Wacholder und Honig dazu. Mit etwas Wasser aufgießen
und ¾ Std. kochen. Das Kraut mit einem Schaumlöffel aus der
Brühe nehmen (den Schmand einrühren).

Apfelmeerrettich

1 kleines Gläschen oder ½ Stange frisch
geriebenen Meerrettich
1 fein geriebener süßer Apfel
etwas Sahne

Alle Zutaten nur heiß werden lassen.
Die Variante meiner Mutter: statt des Apfels 1 in Milch einge-
weichtes Brötchen dazu geben.

Budwig-Hirneise-Creme mit Zimt

250 g Quark
2-3 Essl. Leinöl (kalt geschlagen)
1 Essl. Honig
(etwas Milch oder Sahne)
1 Teel. Zimt
Alle Zutaten mixen und mit frischen Früchten anrichten.
Sie können diese Speise auch mit Kakao, mit Ahornsirup und
allen möglichen Fruchtsoßen zubereiten. Ich nehme auch gern
meine selbst gemachten Marmeladen. Am liebsten mögen wir sie
mit Hagebuttenmus, Sanddorn- oder Pfirsichmarmelade.

In IHRER Hütte im Wald hatte SIE selbst Sauerkraut angesetzt. Ich habe es probiert, und es war eindeutig noch ein wenig besser, als das vom Reichelsheimer Gemüseladen. Hauchdünn gehobelt, Schicht für Schicht mit Salz und Wacholderbeeren bestreut. Ein großer Steinguttopf voll davon. Angesetzt hatte SIE es mit Molke. Als ich SIE zum ersten Mal besuchte, war es gerade reif und SIE füllte uns einen Berg davon auf einen Teller. Natürlich haben wir es roh gegessen. Es war sozusagen die Grundlage für die darauf folgende Weinprobe.

SIE ist nämlich ein richtiges Naturkind. Hat einen riesigen Garten, mehrere Weinberge, etliche Keller und Gewölbe, in denen SIE Weine, Liköre und alle möglichen Gelees und Marmeladen, Öle und Tees herstellt und aufbewahrt. SIE züchtet auch die verschiedenartigsten Pilze, vom Brotpilz bis zum einfachen Champignon. In etlichen Gläsern hatte SIE Fliegenpilzpuder, Birken- und Weidenrindenstückchen, grüne Walnussschalen, Vogel- und Holunderbeeren, Lindenblüten und verschiedene Kräutermischungen, von denen ich eine ganze Reihe identifizieren konnte, aber bei weitem nicht alle. Ich erkannte sofort, dass SIE nicht nur Färbemittel und Bäderzusätze, sondern vor allem eine Reihe von Heil- und Schmerzmitteln und Tinkturen für heilende Zwecke zubereitet hatte, sowie eine ganze Serie von halluzinogenen Substanzen.

Ich stand mit offenem Mund in all diesem Reichtum und dachte an meine wenigen dreieinhalb Liköre, Essenzen und Tinkturen zu Hause, auf die ich schon besonders stolz war. Verglichen mit dem, was SIE da aufzutischen hatte, war das meine ein Pups.

Wir gingen also zur Weinprobe über. Hmmmm! Eine Köstlichkeit nach der anderen floss da in unsere Gläser. SIE war auch eine Meisterin in der Herstellung von Weinen. Besonderes High Light aber war IHR Champagner.

Entfernt erinnerte er mich an *Apfelwalzer*. Das ist eine Odenwälder Köstlichkeit, die von Dieter Walz aus Fürth nach Art des Champagners aus Äpfeln hergestellt wird. Er wird vor allem in Nobelrestaurants angeboten und zu Hause trinken wir ihn zu ganz besonderen Gelegenheiten.

Einen kurzen Moment lang war ich tatsächlich versucht, Dieter Walz in meine Innenwelt einzuladen und ihm das alles hier zu zeigen, aber das geht natürlich nicht. Denn jeder Mensch hat ja seine ganz eigene innere Welt und die hat natürlich ganz viel mit ihm selbst zu tun. In der Innenwelt begegnen wir sozusagen unserer ganz eigenen Substanz, die wir in Form von Energiebildern sehen können. Diese Energiebilder sind vergleichbar mit Traumbildern.

Während einer synergetischen Innenweltreise ist es aber ein wenig anders als im Traum. Denn wir sind nicht nur im Kontakt mit unserem Unbewussten, sondern gleichzeitig ist unser helles Tages- oder, wenn Sie so wollen, unser Ichbewusstsein aufgeschaltet. Wir haben also jederzeit die Entscheidungsfreiheit bei allem, was geschieht. Im Traum haben wir nicht die Möglichkeit, zu entscheiden, geschweige denn etwas zu verändern. Der Traum ist eigentlich nur so etwas wie eine Information aus der Innenwelt.

Während einer synergetischen Innenweltreise aber können wir Einfluss auf unser Innenleben nehmen. Wir können sogar ganz aktiv ins Geschehen eingreifen und können auf diese Weise diejenigen Dinge auflösen und verändern, die uns im Leben behindern und verstopfen, die uns deprimieren oder krank machen. Hierzu gehören auch längst vergangene Ereignisse wie etwa Erlebnisse aus der Kindheit, die uns verletzt oder geängstigt haben, die uns traumatisiert haben, und die dann vielleicht erst in unserem Erwachsenenleben zu ernsthaften psychischen oder körperlichen Beschwerden und Krankheiten geführt haben.

Das Menü im Kopf

Liebe Leserin, Sie werden sich nun sicher fragen, wie das möglich sein kann, etwa ein traumatisches Erlebnis aus der Kindheit, einen Unfall oder eine gewaltsame Erfahrung, den Verlust einer engen Bezugsperson oder auch ein Geburtstrauma im *Nachhinein* zu verändern? Was geschehen ist, ist doch geschehen, das kann man doch nicht mehr ändern. Nun, das stimmt und es stimmt auch wieder nicht.

Es gibt nämlich einen Unterschied zwischen dem, was tatsächlich geschieht, was sich also *ganz real ereignet*, und dem, *wie wir es wahrnehmen*. Wenn zwei Menschen das gleiche erleben, so ist es noch längst nicht dasselbe. Denn diese beiden Menschen haben eine unterschiedliche Wahrnehmung von den Ereignissen einer Situation, und diese jeweilige Wahrnehmung verarbeitet dann das Gehirn, indem es sie in seine ganz eigene Ordnungsstruktur aufnimmt.

Dies wird Ihnen einleuchten, wenn Sie etwa nach langen Jahren eine Schulfreundin wieder treffen und Sie sich mit ihr über die gemeinsame Schulzeit austauschen. Sie werden feststellen, dass sich Ihre alte Schulfreundin an ganz andere Begebenheiten erinnert, als Sie. Manches von dem, was für Ihre Freundin wichtig und prägend war, erscheint Ihnen vielleicht sogar vollkommen fremd. Nun, woran liegt denn das?

Es liegt tatsächlich an der unterschiedlichen Wahrnehmungsweise von Ihnen beiden, denn Ihre Aufmerksamkeit richtet sich jeweils auf ganz andere Dinge, auf Dinge nämlich, die ganz entscheidend mit *Ihnen selbst* zu tun haben. Denn alles, was wir wahrnehmen, hat einen ganz besonderen Bezug zu uns selbst. Unsere Wahrnehmung sortiert sozusagen die einzelnen Bestandteile der Realität so für uns aus, dass diese in unserer Innenwelt auf eine *Resonanz* treffen. Die Esos würden jetzt sagen: *Wie innen, so außen*. Unsere Aufmerksamkeit ist also auf das ausgerichtet, was für uns notwendig und wichtig ist. Aber woher weiß nun unsere Wahrnehmung, wie sie sich ausrichten soll? Und woher weiß unser Gehirn, wie es diese Informationen zu verarbeiten hat?

Nun, unser Gehirn ist ein offenes System und arbeitet wie alle offenen dynamischen Systeme synergetisch. Es steht in Wechselwirkung mit der körperlichen, psychischen und geistigen Ebene des Menschen. Hierzu zählen natürlich auch unsere Wahrnehmung und unser Bewusstsein. Diese verschiedenen Ebenen sind also auf das Engste miteinander verbunden und wirken ständig zusammen. Zunächst einmal bezieht sich das Gehirn immer auf alles bisher Gewesene zurück. Wir können auch sagen: Alle Informationen, die es aufnimmt, werden mit allen bereits gespeicherten Informationen verglichen und der bereits bestehenden Ordnungsstruktur hinzugefügt.

Alles, was wir im Laufe unseres Lebens erfahren haben, ist in tausenden und abertausenden von Informationen in unserem Gehirn gespeichert. Auf der biologischen Ebene stecken diese ganzen Informationen in den vielen Neuronen, den Nervenzellen, aus denen unser Gehirn besteht. In der Synergetik Therapie sprechen wir von der *neuronalen Matrix*, das ist sozusagen die gesamte Bandbreite an Neuronen. In diesen Neuronen also stecken sämtliche Informationen, die wir zum Leben brauchen und die uns als Persönlichkeit ausmachen. Hier sind nicht nur unsere ganzen Erfahrungen und Erlebnisse gespeichert und nach einer ganz bestimmten Ordnung strukturiert, sondern auch Informationen darüber, wie wir unseren Arm, unsere Hände bewegen, wie wir sehen, wie wir kauen und schlucken, wie wir verdauen usw.

Diese ganzen komplexen Vorgänge haben sich über Jahrmillionen entwickelt und ihre Entstehungsgeschichte ist älter als die Menschheit selbst. Wir können sagen, dass im Gehirn eines Menschen die ganze Evolutionsgeschichte drin steckt. In diesem Sinne können wir wirklich vom Menschen als der *Krone der Schöpfung* sprechen.

Jeder Mensch beschreitet in seinem Leben eine Reihe von Lernprozessen; er lernt sprechen, laufen, greifen, schreiben, rechnen usw. Und jeder Mensch lernt dies alles auf seine ganz eigene Weise, so wie er auch seine ganz eigenen Erfahrungen im Leben macht, Erfahrungen, die sonst niemand genau so macht. Deshalb

44

ist jeder Mensch einzigartig. Und das liegt daran, dass unser Gehirn alles, was wir wahrnehmen und erleben, auf dem Hintergrund dessen verarbeitet, was schon da ist. Es steht also mit allen bereits vorhandenen Informationen in ständiger Verbindung und Wechselwirkung. Auf diese Weise ist das Gehirn in der Lage, alle neuen Informationen auf sinnvolle Weise mit den schon vorhandenen zu verknüpfen.

Mit diesen Vorgängen ist auch unsere Wahrnehmung auf das Engste verbunden. Was wir über unsere Sinne aufnehmen, steht ebenfalls in ständiger Wechselwirkung mit dem Informationsdepot unseres Gehirns. Alles, was wir also wahrnehmen, tritt immer in Resonanz mit dem, was *in uns* ist. Mit anderen Worten: Wie wir die *Welt* wahrnehmen, hat ganz entschieden mit unserer *Innenwelt* zu tun. Wir können also letztlich die Realität überhaupt nicht so beschreiben, ja nicht einmal so wahrnehmen, wie sie tatsächlich ist! Wir können sie nur gefiltert durch unsere Wahrnehmung und nicht vollständig und ganz erfassen.

Wahrnehmung und Realität sind letztlich also zwei verschiedene Paar Schuhe. Aber sehen Sie selbst:

Ich möchte Sie jetzt nämlich zu einem kleinen Experiment einladen. Sie können anhand eines einfachen Beispieles den Unterschied zwischen Realität und Wahrnehmung ganz einfach selbst testen bzw. selbst erfahren.

Schauen Sie sich Bild 1 einen Augenblick an. Was erkennen Sie? Eine Vase oder zwei Gesichter? Nun, diese einfache Skizze, die fast jedes Kind kennt, ist noch relativ leicht zu durchschauen. Sie haben es hier mit einem *Kippbild* zu tun.

Bild 1

Bild 2

Wenn Sie sich jetzt einen Augenblick Bild 2 ansehen, wird es schon etwas spannender. Wie alt schätzen Sie die Frau auf dem Bild? Wenn Sie einen Moment das Bild betrachten, sehen Sie vielleicht, dass es auch ein Kippbild ist. Sie können eine alte und eine junge Frau erkennen, und Sie werden feststellen, dass Sie immer nur eine dieser beiden Möglichkeiten wahrnehmen können: Entweder sehen Sie die alte oder Sie sehen die junge Frau. Wenn Sie eine Weile darauf geschaut haben, wechselt Ihre Wahrnehmung *plötzlich* in das andere Bild.

Da Ihrem Gehirn in diesem Fall immer nur eine Form der Wahrnehmung möglich ist, pendelt es einfach zwischen den beiden möglichen Wahrnehmungsweisen, so dass Sie in der Lage sind, beide Bilder, wenn auch nacheinander, zu erkennen. Wenn Ihre Aufmerksamkeit eine gewisse Sättigung erreicht hat, wenn es ihr sozusagen *langweilig* wird, kippt Ihre Wahrnehmung *plötzlich* in das andere Bild.

In welchem Augenblick dies aber nun genau geschieht, können Sie selbst gar nicht willentlich steuern. Dieser Kipppunkt ist nicht voraussehbar, er stellt sich *von selbst* ein.

Er ist das Ergebnis eines *Selbstorganisationsprozesses* in Ihrem Gehirn!

Mit diesem Stichwort, *Selbstorganisation*, sind wir an der zentralen Stelle der Synergetik angelangt, und wir werden uns die einzelnen Schritte noch ein klein wenig genauer ansehen.

Was uns, wenn wir eine solche Erfahrung machen, wie ein plötzliches Ereignis vorkommt, ist nämlich in Wirklichkeit ein sehr komplexes Geschehen. Hier laufen eine Reihe von sehr komplizierten Vorgängen ab, die im wahrsten Sinne des Wortes *eine Wissenschaft für sich* sind. Deshalb werden sie von einer eigens für diese Vorgänge begründeten Wissenschaft untersucht, der Synergetik.

Synergetik

Wissenschaft vom Zusammenwirken der Kräfte

Synergetik ist die Lehre vom Zusammenwirken der Kräfte und vom Wissen darüber, dass alles miteinander verbunden ist. Sie fußt auf den Gesetzmäßigkeiten der Selbstorganisation, nach denen sich alle natürlichen und evolutionären Abläufe unseres Lebens gestalten, sei es in der Materie oder im Geist.

Es war der Physiker und Mathematiker *Hermann Haken*, der Anfang der siebziger Jahre die Synergetik als interdisziplinäre Wissenschaft begründete. In seinen Forschungen am Laser hatte er entdeckt, dass die Aussendungen von elektromagnetischen Teilchen oder Wellen durch *Selbstorganisation* koordiniert werden. Damit führte er den Begriff der Selbstorganisation, der bislang in biologischen Disziplinen oder etwa der Kybernetik von Bedeutung war, in die Physik ein.

Die Bahn brechende Erkenntnis Hakens war es jedoch, die Gesetzmäßigkeiten der Selbstorganisation als allgemein gültige universale Naturgesetze erkannt zu haben. So beschäftigte sich Hermann Haken auch mit dem menschlichen Gehirn und seinen Wahrnehmungsfunktionen. Er stellte fest, dass auch das Gehirn, das komplexeste System, das wir kennen, synergetisch arbeitet.

Mit der Begründung der Synergetik regte Haken ganz bewusst die weitere Erforschung der Selbstorganisation in allen wissenschaftlichen Bereichen an.

Auf dem Hintergrund der Lehre der Synergetik und der von Haken entdeckten selbstorganisatorischen Arbeitsweise des Gehirns gelang es Bernd Dhyan Joschko in den achtziger Jahren die Synergetik Therapie und das Profiling als weltweit einzigartige Methode der Selbsterkenntnis und Selbstheilung zu entwickeln, die auf den evolutionären Prinzipien der Selbstorganisation beruht. Seitdem wird die Synergetik Therapie und das synergetische Profiling erfolgreich angewendet. In zehntausenden von aufgezeichneten Einzel- und Gruppensitzungen konnte die Wirksamkeit der Synergetik Therapie bei der Auflösung körperlicher, psychischer und geistiger Blockaden und Schwierigkeiten nachgewiesen werden.

www.synergetik-therapie-institut.de

In unserem Zusammenhang ist es nicht nötig, sich eingehender mit der Synergetik als Wissenschaft zu beschäftigen, denn wir müssten uns vor allem mit physikalischen und mathematischen Besonderheiten auseinander setzen, und das wollen Sie wahrscheinlich genauso wenig wie ich.

Wichtig für uns ist es einfach nur zu wissen, dass wir Informationen, die in unserem Gehirn gespeichert sind, verändern können. Nehmen wir als Beispiel eine Krankheit. In Ihrer Innenweltreise stoßen Sie nun auf die Hintergrundinformationen Ihrer Krankheit. Sie nehmen diese Informationen jetzt einfach erst mal nur auseinander, legen die einzelnen Teile vor sich hin und wenn Sie alle Teile da liegen haben, dann sortieren Sie sie nicht etwa, nein: Sie mischen sie durch wie einen Stapel Spielkarten. Ihre Karten sind jetzt also vollkommen durcheinander. Und das ist genau der Sinn und Zweck in der Synergetik Therapie: Wir bewirken, dass sich ein *Chaoszustand* einstellt.

Dieses Durcheinander der einzelnen Elemente, der Spielkarten, wenn Sie so wollen, ist zunächst einmal nötig, um die Elemente aus ihrer angestammten Ordnung heraus zu bringen. Denn die angestammte Ordnung hat Sie ja krank gemacht. Aber nun geschieht das Entscheidende: Diese ganzen Teile werden jetzt untereinander konfrontiert, sie lernen sich sozusagen auf ganz neue Weise kennen.

Sie können sich das vielleicht so vorstellen, dass der Karobube jetzt die Bekanntschaft mit der Kreuzdame macht, die er vielleicht vorher stets ausgetrumpft hatte und überhaupt nicht leiden konnte. Und siehe da, wenn sich die beiden mal ausgesprochen haben, dann ist plötzlich alles in Butter. Sie sitzen jetzt beim Supe zusammen und zwinkern sich zu.

Die einzelnen Damen und Herren und natürlich auch alle anderen Karten Ihres Spiels haben sich jetzt sozusagen in einer anderen Tischordnung zusammen gefunden. Eine neue Runde hat begonnen, ein neues Spiel geht los.

Mit anderen Worten: Die einzelnen Elemente Ihrer krankmachenden Informationsstruktur im Gehirn finden im Zustand des Chaos eine neue und höherwertige Ordnung. Und diese höhere Ordnung stellt sich *von selbst* ein, sie geschieht durch Selbstorganisation der einzelnen Teile. Diese Teile haben sich miteinander verständigt, sie sind nun miteinander übereingekommen, welche Ordnung für alle Beteiligten im Augenblick die optimale ist. Und diese Ordnung haben sie dann schließlich für sich gewählt.

Es gibt nicht so etwas wie einen Diktator, der bestimmt, wo und wie sich die Einzelnen zusammenfügen sollen, was sie zu tun haben oder wie sie sich zu verhalten haben. Nein, alle Teile finden das *gemeinsam* heraus. Selbstorganisation ist also ein in hohem Maße kollektives und die Gemeinschaft förderndes Geschehen, bei dem letztlich alle zufrieden sind.

Für Ihre Krankheit hat das allerdings eine Konsequenz. Sie ist nämlich jetzt unnötig geworden. Sie macht jetzt, innerhalb der neuen Ordnung, die Sie selbst herbeigeführt haben in Ihrem Prozess, überhaupt keinen Sinn mehr. Klar, Sie haben den Ursprungskonflikt Ihrer Krankheit geklärt und die pathologische Struktur ist gekippt. Deshalb verschwindet Ihre Krankheit jetzt von selbst.

Sie haben in Ihrem Prozess nicht nur die Information in Ihrer neuronalen Matrix verändert, sondern gleichzeitig alle *selbstähnlichen* Informationen auf den anderen Ebenen, so auch auf der Körperebene, auf der Ihr Symptom zum Ausdruck gekommen war.

Aber hier stoßen wir auf das Prinzip der Selbstähnlichkeit, das in der Synergetik Therapie eine entscheidende Bedeutung hat.

Wir werden in den kommenden Zeilen darauf zurückkommen, so dass Sie, liebe Leserin, genau wissen, von was hier die Rede ist. Wenn Sie also die Hintergründe Ihrer psychischen oder körperlichen Probleme auf der Strukturebene verändern, verändern sich gleichzeitig auch alle Auswirkungen, die Sie als hinderlich und einschränkend empfunden haben.

Jede neue, auf dem Hintergrund von selbstorganisatorischen Prozessen entstehende Ordnung aber entsteht im Sinne der Evolution. Das heißt: sie ist immer höherwertiger als die bisherige, und sie ist immer optimal, weil sie rückbezüglich auf das gesamte System reagiert. Das ist Entwicklung, das ist Evolution.

Die Alte: (läutet ihre Glocke)

Ich: Bist du das, Alte?

Die Alte: Sicher doch!

Ich: Wieso läutest du jetzt? Ich war gerade dabei, der Leserin zu erklären, was Selbstorganisation ist. Das finde ich jetzt wirklich sehr störend!

Die Alte: Eben. Es soll ja auch stören!

Ich: Aber wieso? Was fällt dir ein?

Die Alte: Das ist hier nicht der Ort, um lange Vorträge zu halten. Ab einem bestimmten Moment kann die Leserin ihre Aufmerksamkeit nicht mehr halten. Ich weiß Bescheid.

Ich: Aber ich habe doch gerade erst angefangen, die zentralsten Dinge zu erklären.

Die Alte: Wahrscheinlich denkt die Leserin jetzt seit mindestens drei Minuten an etwas völlig anderes. Da kannst du dir die Worte sparen. Ich weiß über diese Dinge!

Ich: Aber das Prinzip der Selbstorganisation ist doch das Wesentliche. Es ist doch die Grundlage in der synergetischen Prozessarbeit, von synergetischen Prozessen überhaupt. Wenn die Leserin nicht versteht, was es damit auf sich hat, dann versteht sie doch nicht, wie es in der Innenwelt, in der Psyche und im Körper zur Heilung kommen kann. Sie kann doch dann gar nicht verstehen, wie Selbstheilung funktioniert.

Die Alte: Ja, schon, aber du wirst dich wieder verheddern, wenn du so fortfährst. Du wirst darüber sprechen, dass alle natürlichen Geschehnisse was mit Selbstorganisation zu tun haben. Dass Selbstorganisation die Voraussetzung für alle lebendigen Prozesse in der Natur ist usw. Die Dinge regeln sich von alleine – sofern man sie lässt! Das ist ein synergetisches Gesetz, da brauchst du nicht so viel zu erklären.

Ich: Aber ich habe die Leserin doch ausdrücklich darauf hingewiesen, dass wir auf die komplizierteren Zusammenhänge nicht eingehen.

Die Alte: Ja, aber ob du dich auch daran halten wirst, das ist die Frage.

Ich: Ich habe doch wirklich versucht, es einfach zu erläutern.

Die Alte: Ja, das ist in Ordnung, nur solltest du es dabei jetzt auch belassen und nicht noch von Evolution anfangen. Ich weiß genau, dass du dich dann verhedderst. Die Leserin versucht ohnehin, das ganze kognitiv zu begreifen, was nicht nur schwierig, sondern auch gänzlich unmöglich ist. Sie wird das nie so verstehen können wie ich. Denn bei mir ist das was anderes. Ich bin ja ein Teil der Organisationsstruktur in deiner Innenwelt, so dass ich *weiß*, wie das ist.

Ich: Auch wir Menschen sind Teile von Organisationsstrukturen, von höheren Kontexten. Und darin spielen wir eine ähnliche Rolle, wie du in meiner Innenwelt.

Die Alte: Ja, ja. Wie Oben, so unten. So ist das! Ich weiß von diesen Dingen.

Ich: Nun höre doch mal auf mit der Läuterei, das ist ja nicht zum Aushalten!

Die Alte: Ich läute, wenn es notwendig ist.

Ich: Du läutest, wenn du meinst, dass die Aufmerksamkeit der Leserin nachlässt?

Die Alte: Ich läute, wenn du wissenschaftlich wirst!

Ich: Aber so wissenschaftlich war das doch gar nicht. Schließlich hat sich unsere Leserin gerade mit ihrer Wahrnehmung beschäftigt und dabei eine interessante Erfahrung gemacht. Das ist doch nicht langweilig!

Die Alte: Die Aufmerksamkeit lässt trotzdem nach, wenn du so wissenschaftlich wirst. Dann sucht sich das Gehirn ein neues Betätigungsfeld. Das hast du ja selbst gerade erklärt. Du musst jetzt zu einem anderen Thema kommen. Es muss sich jetzt was verändern.

Ich: Jetzt hör doch endlich mal auf zu läuten!

Die Alte: (läutet weiter) Ich höre erst auf zu läuten, wenn du dir ein neues Thema gewählt hast.

Ich: Aber ich möchte jetzt fortfahren. Bei dem Krach versteht man ja sein eigenes Wort nicht mehr.

Die Alte: Dann fahre jetzt mit was anderem fort, damit die Leserin eine neue Facette der synergetischen Arbeit in der Innenwelt kennen lernt.

Ich: Ich wollte jetzt das Prinzip der Selbstähnlichkeit erklären.

Die Alte: (hört auf zu läuten) Du meinst das mit dem Blumenkohl?

Ich: Ja!

Die Alte: Ok. Dann mach mal. Aber denke daran: nicht so langatmig, nicht so wissenschaftlich, nicht so komplex!

Ja, liebe Leserin. Nun haben Sie die *Alte* kennen gelernt. Sie ist ein wenig dickschädelig. Obwohl sie gar nicht dick ist, ganz im Gegenteil. Sie ist äußerst schlank, aber enorm drahtig. Eigentlich redet sie nicht viel, aber sie mischt sich gern ein, wenn ihr was nicht passt. Und dann läutet sie ihre Glocke. Ich bin keineswegs immer einverstanden mit ihren Unterbrechungen. Sie erinnert mich aber daran, dass sich andere Menschen möglicherweise für andere Dinge interessieren als ich, und dass ich mich entweder kürzer fassen muss, mich überhaupt nicht fassen soll oder schlicht und ergreifend auch einfach fassungslos bin.

Aber mal im Ernst: Waren Ihnen meine Erklärungen wirklich zu wissenschaftlich, zu intellektuell oder zu langatmig? Schade, dass wir jetzt keine Session miteinander haben, denn dann könnten Sie es mir direkt sagen. Aber in einer Session sage ich ja ohnehin nicht viel, Sie sagen und Sie handeln.

Die Alte behauptet jedenfalls, ich würde immer bei Eva und Adam anfangen. Wenn sie läutet, hat es auch eigentlich immer einen Grund, auch wenn ich ihn nicht gleich sehen kann. Ich muss schon ein wenig auf mich aufpassen, sonst quatsche ich die Leute voll. Es tut mir Leid, wenn das jetzt bei Ihnen der Fall war. Vielleicht sollten wir, bevor wir uns dem Thema *Selbstähnlichkeit* widmen, erst mal in die Küche gehen. Dort hat SIE nämlich schon etwas vorbereitet. Kommen Sie mit?

Die Philosophie des Blumenkohls

SIE: Man nehme einen Blumenkohl, befreie ihn von seinen äußeren Blättern, putze und wasche ihn und schneide dann seinen Strunk heraus. Und was geschieht? Man hat nicht nur ein Gemüse vor Augen, sondern eine ganze Philosophie!

Ich: Wieso eine Philosophie?

SIE: Weil der Blumenkohl ein Gleichnis ist.

Ich: Ein Gleichnis?

SIE: Ja, er ist ein Gleichnis für die Harmonie in der Natur und für das kosmische Prinzip der Selbstähnlichkeit.

Ich: Aber wir wollten jetzt eigentlich eine Pause machen und später darüber sprechen. Ich dachte, wir kochen jetzt.

SIE: Ja, das tun wir doch auch. Aber was hindert uns daran, während des Kochens zu philosophieren und über Selbstähnlichkeit nachzudenken? Selbstähnlichkeit ist doch eine sehr spirituelle Angelegenheit.

Ich: Nun fängst du auch noch an mit Spiritualität! Das wird dann ja noch schwieriger.

SIE: Nein, finde ich überhaupt nicht. *Du* sagst doch immer, dass im Grunde alles spirituell ist. Weil alles vom Geist durchdrungen ist, weil alles miteinander verbunden ist, weil alle Dinge sich aus vielen Dingen zusammen fügen um dann wieder als ein Ding unter vielen ein weiteres Ding zu werden. Bis alle Dinge nur noch ein Ding sind. Und das ist doch selbstähnlich, oder nicht?

Ich: Zunächst einmal können solche Beispiele eine Möglichkeit sein, das Zusammenwirken verschiedener Ebenen zu erklären. Man kann Beispiele aus der physikalischen Welt finden, an denen deutlich wird, dass die ganze Welt systemisch aufgebaut ist. Zum Beispiel, dass wir als Lebewesen aus Organen bestehen, diese wiederum bestehen aus Zellen, die Zellen aus Molekülen und Moleküle aus Atomen. Diese verschiedenen Ebenen wirken synergetisch zusammen und bilden ein Ganzes, nämlich den Menschen.

Das ist allerdings nur ein Erklärungsversuch auf der rein materiellen Ebene. Denn wenn wir darüber hinaus noch weitere Ebenen einbeziehen, gesellschaftliche, kulturelle oder zum Beispiel den gesamten Bereich des menschlichen Bewusstseins, dann wird es noch weitaus komplexer. Das können wir hier nicht erklären, und es wird die Leserin sicher auch gar nicht interessieren.

SIE: Aber du brauchst das doch gar nicht zu erklären. Sie soll sich einfach einen Blumenkohl ansehen, und dann weiß die das doch. Wenn sie den Blumenkohl zerpflückt, wird sie kleinere Blumenköhlchen entdecken, die wiederum aus noch kleineren Köhlchen zusammen gesetzt sind. Dann wird sie erkennen, dass sich die kleinen Köhlchen zu größeren Köhlchen zusammen tun und zum Schluss einen einzigen großen Blumenkohl bilden. Das ist wie in der Kunst: *Gleiche Formen und Farben ergeben im Bild eine Einheit.* Das ist das ganze Rätsel der Harmonie, wie wir sie überall in der Natur finden. Und die basiert auf dem Prinzip der Selbstähnlichkeit.

Den gleichen fraktalen bzw. selbstähnlichen Aufbau kann sie dann bei Blättern finden, die immer eine ähnliche Form haben wie der Baum, auf dem sie gewachsen sind. Sie kann das gleiche bei einem Farnblatt beobachten, das sich zu immer kleineren Farnblattmustern verschachtelt oder in den Bronchien der menschlichen Lunge. Alles selbstähnliche Strukturen, und die ganze Welt ist voll davon. Das ist doch etwas sehr Schönes.

Ich: Ja, das ist es auch. Aber wir wollen der Leserin ja nicht die Schönheiten der Natur vor Augen führen, sondern wir wollen doch erklären, wie das Prinzip der Selbstähnlichkeit in der Innenwelt wirkt. Denn in der Innenwelt haben wir es ja auch mit selbstähnlichen Informationsstrukturen zu tun oder mit selbstähnlichen Energiebildern. Hinzu kommt nun noch, dass diese Selbstähnlichkeit wiederum ihre Entsprechungen auf der körperlichen, psychischen und geistigen Ebene des Menschen hat. Denn mit all diesen Ebenen steht ja das Gehirn in einer wechselseitigen Verbindung. So hat etwa ein Krankheitsgeschehen im Körper seine selbstähnliche Entsprechung in der neuronalen Matrix des Gehirns, und wir können sie als Hintergrundinformation in der Innenwelt finden und dort verändern. Das ist der Grund, weswegen sich eine Krankheit auflöst. Denn sie wird, wenn sich die Informationen im Gehirn, welche die Krankheit ausgelöst haben, geändert haben, schlicht und ergreifend überflüssig.

SIE: Ja, sie passt doch jetzt auch gar nicht mehr dahin, denn sie ist der neu entstandenen Struktur überhaupt nicht mehr ähnlich. Das wäre ja so, als wollte eines unserer Blumenkohlröschen auf einmal in eine englische Rose passen. Das geht ja gar nicht.

Ich: Eben, und deshalb löst sich diese alte Struktur im Körper einfach auf. Heilung ist die Folge.

So kann sich etwa ein wiederholtes Hinunterschlucken von Ärger als Magenprobleme im Körper manifestieren, oder ein schweres Trauma in einem Augenleiden äußern. In der Innenwelt geht dann der entsprechende Mensch mit dem Grund seines Ärgers in Kontakt, sieht sich das Trauma an, vor dem er in seinem Leben die Augen verschlossen hat. In der Auseinandersetzung mit den Ereignissen, die ein körperliches Leiden verursacht haben, werden die einzelnen Bestandteile dieses Ereignisses aus ihrer alten Ordnung gebracht und auf dem Höhepunkt der Prozessarbeit, auf dem Kipppunkt, finden diese Teile von selbst zu einer neuen und höherwertigen Ordnung. Damit aber werden auch die körperlichen Symptome völlig überflüssig. Sie sind ähnlich wie die Träume, nichts weiter als Boten, nur dass sie sich auf der Körperebene zeigen.

SIE: Selbstähnlichkeit wird ja auch im ganzen Verhalten eines Menschen sichtbar. Wenn jemand Angst vor einer Höhe hat, nicht auf Türme klettern will und ab dem dritten

Stockwerk eines Gebäudes nicht mehr aus dem Fenster schaut, dann kannst du sicher sein, dass es eine selbstähnliche Information in seiner Innenwelt gibt.

Ich: Genau. Aber nichts wird ja bekanntlich so heiß gegessen, wie es gekocht wird. Nur, wie erklären wir dies alles der Leserin?

SIE: Du hast das doch gerade sehr schön erklärt. Das ist völlig ausreichend. Machs nicht immer so kompliziert!

Ich: Jetzt redest du schon wie die Alte. Aber ich habe noch nichts über Benoit Mandelbrot erzählt. Er war immerhin derjenige, der den fraktalen Aufbau von Strukturen aufzeigte, zumindest in der Mathematik.

SIE: Aber das ist doch gar nicht so wichtig. Hauptsache, die Leserin versteht, dass sich alle Strukturen in der Natur in ihren Verzweigungen immer selbstähnlich gestalten, das Gehirn genauso wie der Blumenkohl. Ich finde, wir sollten jetzt kochen!

Blumenkohlauflauf

6 mittelgroße gekochte und in dünne Scheiben
geschnittene Pellkartoffeln
1 mittelgroßer bissfest gekochter Blumenkohl

Soße

60 g Süßrahmbutter
¼ l Wasser
¼ l Milch
1 Brühwürfel
Pfeffer, Salz, Muskat
Etwas Käse zum Überbacken

Die Kartoffelscheiben in eine gefettete Auflaufform schichten,
den Blumenkohl drauf setzen und mit der Soße begießen. Zum
Schluss den Käse darüber streuen und den Auflauf bei 200 °C im
Ofen 15 Minuten Überbacken.
Dazu eignet sich ein frischer Salat.

Benoit Mandelbrot

Er war der Begründer der fraktalen Geometrie. Die nach ihm benannte *Mandelbrot-Menge* wurde zum berühmtesten Objekt der komplexen Mathematik und zum Symbol der Chaosforschung, sie wurde auch das *Apfelmännchen* genannt.

Mandelbrot zeigte auf, dass mathematische Modelle Muster hervorbringen, die natürlichen Mustern und Strukturen sehr ähnlich sind. Diese mathematischen Muster setzen sich genau so wie auch die Muster in der Natur aus vielen verschiedenartigen ineinander verflochtenen Fraktalen zusammen, die jeweils wiederum Teile mit unterschiedlichen fraktalen Informationen aufweisen.

Fraktale sind nie identisch, sondern *selbstähnlich*. So besitzen etwa die Bronchien der menschlichen Lunge für die ersten sieben Verzweigungen eine gemeinsame fraktale Information und für die anschließende Verzweigung wieder eine andere. Dieses Prinzip der Selbstähnlichkeit ist in allen Bereichen der Natur nachweisbar. Es besagt, dass sich eine Struktur bis in die kleinsten Verzweigungen hinein selbstähnlich reproduziert.

Das Wissen um den fraktalen bzw. selbstähnlichen Aufbau von Strukturen, das durch Mandelbrot aufgezeigt wurde, ist ein wesentlicher Baustein der Synergetik Therapie und insbesondere des synergetischen Profiling.

Wenn Sie sich die faszinierende Welt der Mandelbrot-Mengen einmal ansehen möchten, dann können Sie sich im Internet den Chaos-Bilder-Generator WinCIG herunterladen. Es ist ein Programm, das eine einfache Formel von Benoit Mandelbrot in schöne bunte Bilder umsetzt. Sie können dieses Programm auch als Bildschirmschoner benutzen, wenn Sie möchten.

www.hoevel.de/software/wincigd.zip

Liebe Leserin, Sie sehen es ja selbst, es ist wie verhext. Kaum ist man in einem Thema halbwegs heimisch geworden, taucht ein neues und wieder ein neues Thema auf. In der Synergetik kann man wirklich nichts richtig auf den Punkt bringen. Es gibt hier eigentlich überhaupt keinen Punkt.

Dies habe ich bereits in den ersten Gesprächen über Synergetik mit meiner Mentorin Frauke Dietz begriffen. Gerade hatte ich etwas verstanden und es auf den sogenannten Punkt gebracht, da sagt sie: *Halt ihn fest, den Punkt, sonst ist er wieder weg!* Natürlich wusste sie ganz genau, dass man in der Synergetik einen Punkt gar nicht festhalten kann, denn es gibt da keinen Punkt. Alles ist immer im Fluss, nichts bleibt einfach stehen. Es entwickelt sich immer und immer weiter. Und das ist ja das Faszinierende daran.

Aber lassen Sie uns noch mal auf das menschliche Gehirn zu sprechen kommen. Es ist ganz wichtig, diesen Unterschied zwischen Realität und Wahrnehmung zu verstehen. Zwischen einem realen Ding, oder einer realen Person und der Wahrnehmung dieses Dings oder der Person, und zwischen den hierzu im Gehirn gespeicherten Informationen gibt es selbstverständlich einen Unterschied.

Denn die Innenweltleute, denen wir in einer Session begegnen, sind, wenn sie reale Menschen aus unserem Leben repräsentieren, nicht die realen Personen selbst. Was nicht heißt, dass Innenweltleute nicht auch real wären. Sie führen ja ein sehr reges Leben in unserer Innenwelt und können uns manchmal ganz schön piesacken. Nein, Innenweltleute sind *Bilder* von realen Menschen, mit denen wir so unsere Erfahrungen gemacht haben. Sie erscheinen in unserer inneren Welt aber so, wie wir sie *wahrgenommen* haben und nicht wie sie wirklich sind! Sie sind die Energiebilder der Informationen, die unser Gehirn gespeichert hat.

Auch die Szenen, die wir während der Innenweltreisen erleben, müssen dementsprechend nicht unbedingt reale Erinnerungen sein, sondern sie zeigen uns vor allem, *wie* wir etwas *wahrgenommen* haben.

Denn es ist so:

Das Gehirn speichert ja nicht die realen Dinge, sondern nur die *Informationen* über diese Dinge. Mal ganz praktisch: Was passiert in Ihrem Gehirn, wenn Sie zum Beispiel eine Birne sehen? Nun, Sie haben ja nicht die reale Birne im Kopf, das geht ja gar nicht! Stellen Sie sich vor, was da alles in Ihren Kopf passen müsste. Nein, Sie haben lediglich die *Information* BIRNE in Ihrem Kopf. Ich meine jetzt nicht eine *Glühbirne* und will auch nicht die Assoziation zu einer *Matschbirne* wecken, die nicht nur eine überreife oder gar faule Birne vorstellen kann, sondern etwa auch an Kopfschmerzen oder einen Kater am Morgen nach einem feucht fröhlichen Abend denken lässt. Ich will auch keineswegs diesen ungehörigen Vergleich mit Helmut Kohl heran ziehen. Ich meine eine Frucht, eine ganz normale Birne.

SIE: Wer ist Helmut Kohl?

Ich: Helmut Kohl war lange Zeit der Bundeskanzler unseres Landes.

SIE: Und was hat *der* mit einer Birne zu tun?

Ich: Eigentlich nichts. Man hat ihm den Spitznamen *Birne* gegeben, ich glaube wegen seiner Kopfform.

SIE: Das ist ja *unerhört*!

Ich: Ja, finde ich auch. Ich kann solche blöden Vergleiche auch nicht leiden. Schließlich kann ja niemand etwas für seine Kopfform.

SIE: Ich finde es unerhört, die Kopfform dieses Menschen, den ich nicht einmal kenne, mit dieser edlen Frucht zu vergleichen!

Ich: Ach so meinst du das.

SIE: Schließlich ist die Birne, ähnlich wie auch der Apfel eine Frucht, die mit den Großen Göttinnen in Verbindung gebracht wurde. Noch im Mittelalter war der Birnbaum der Maria heilig, weil er so reine weiße Blüten trägt. Und außerdem ist die Birne mit dem weiblichen Genitale und insbesondere mit der Gebärmutter auf das Engste verbunden. Wie kann man da *solche* Verbindungen herstellen?

Ich: Tut mir leid, wenn dich das so aufregt. Ich wollte an diesen verschiedenen Möglichkeiten, was man alles unter *Birne* verstehen kann, nur erklären, dass unser Gehirn alle diese Assoziationen miteinander verknüpfen kann.

SIE: Gesetzt den Fall, dass ein Gehirn schon vorher gewisse Verbindungen hat herstellen können.

Ich: Klar.

SIE: Ich finde, dass du das nicht so ausführlich erklären brauchst.

Ich: Ok. Dann mach ich das ein bisschen anders: ...

SIE: Zuvor sollten wir aber der Birne wieder zu ihrer Ehre verhelfen. Ich kenne da ein schönes Rezept, womit nicht nur Herr Kohl, sondern insbesondere unser Gaumen, vor allem aber die Birne zufrieden sein wird.

Birne in Schwarz

4 gekochte Birnenhälften

Mousse

150 ml Milch
2 Essl. Honig oder Ahornsirup
2 Essl. Kakao
3 Teel. Gelatine
250 ml Schlagsahne
Schokoladenflocken
4 knallrote Kirschen

Milch und Honig erhitzen, die Gelatine darin auflösen, den Kakao unterrühren. Abkühlen lassen bis die Flüssigkeit anfängt zu gelieren. Dann die geschlagene Sahne unter heben.
Birnenhälften auf Portionsteller legen und schnell mit der Mousse überziehen, so dass die ganze Birne schwarz ist. Mit Schokoladenflocken bestreuen und als Farbtupferl mit je einer knallroten Kirsche garnieren.
Mousse ca. 2 Stunden im Kühlschrank fest werden lassen.

Tipp: Sie können die Mousse aber auch zuerst fest werden lassen und dann mit einem Löffel Nocken abstechen und sie zur Birne anrichten. Vergessen Sie aber die Kirschen nicht! Sie sind es, die der schwarzen Birne den richtigen Kick geben.

Liebe Leserin, angenommen, Sie sind als Kind von einem Hund gebissen worden, dann kann es sein, dass Sie seitdem Angst vor Hunden haben. Vielleicht aber auch nicht, denn es kommt nun darauf an, wie genau Ihr Gehirn dieses Erlebnis registriert hat und welche Verbindungen zu anderen bereits abgespeicherten selbstähnlichen Erlebnissen es herstellt. Mit anderen Worten: Es kommt sehr auf die Art und Weise an, mit der Sie dieses Erlebnis *wahrgenommen* und *erfahren* haben. Aus der Gehirnforschung wissen wir, dass unsere Wahrnehmung immer durch all das geprägt ist, was wir bereits erlebt haben.

Wenn Sie nun zuvor angenehme Erfahrungen mit einem Hund gemacht haben, wenn Ihr Haustier vielleicht ein lieber Hund war, mit dem Sie gespielt haben, dann kann es sein, dass Ihnen das Erlebnis mit dem Hund, der Sie gebissen hat, weniger zusetzt, als etwa dann, wenn Sie in der Nachbarschaft einen bissigen Hund hatten, vor dem Sie Ihre Eltern immer gewarnt haben. Verstehen Sie?

Ihr Gehirn hat mit all Ihren Erfahrungen mit Hunden eine ganz bestimmte Struktur entwickelt, welche Sie im weiteren Leben beeinflusst, denn Ihr Gehirn bezieht sich ja auf alles zurück, was Sie erlebt haben. Aber keine Sorge, selbst wenn Sie unangenehme Verknüpfungen zum Thema *Hund* in ihrem Gehirn haben sollten, wenn Sie also möglicherweise durch unangenehme Erfahrungen heute Angst vor Hunden haben, können Sie diese Angst durch synergetische Prozessarbeit ja leicht lösen. Sie können die Situation, in der Sie vielleicht ein Hund gebissen hat oder auch alle weiteren, in denen Sie Angst vor Hunden hatten, bearbeiten und werden dann keine Angst mehr vor Hunden haben.

Kalte Hundeschnauze

½ l Milch
2 Essl. Zucker
3 Essl. Maismehl
½ Vanillestange
1 Packet Butterkekse
Obst
Die Milch kochen, den Zucker mit dem Maismehl in wenig Milch anrühren, das Vanillemark hinzugeben und aufkochen lassen. Die Creme abwechselnd mit den Keksen in eine ovale Form schichten und kühl stellen. Danach auf eine Platte stürzen und mit Obst garnieren.

Sie können sich auch einfach vorstellen, dass Ihr Gehirn so eine Art Festplatte in einem Computer ist, auf der alle Informationen über Sie gespeichert sind: Erinnerungen, Traumen, Erlebnisse mit Menschen, positive wie negative. Die Erfahrungen aus diesem Leben und auch Erfahrungen aus vergangenen Leben. Auch die Erinnerungen und Gefühle aus der Zeit, in der Sie im Leib Ihrer Mutter waren, können Sie abrufen.

Kurz: Sie geben Ihr Passwort ein und schon haben Sie Zugang. Vielleicht sind Sie gerade mit einer Datei besonders beschäftigt oder arbeiten mit mehreren Dateien gleichzeitig. Wenn Sie nun sehen, dass Ihnen etwas nicht passt, dass Sie da lieber etwas anderes haben wollen, dann löschen Sie es einfach oder verändern den Inhalt, so dass Sie nachher damit zufrieden sind.

Merlin: Stop! Du kannst doch das menschliche Gehirn nicht einfach mit einem Computer vergleichen! Das ist mechanistisches Denken!

Ich: Es ist doch nur ein Vergleich! Das hat doch mit mechanistischem Denken nichts zu tun.

Merlin: Doch! Du sagst der Leserin, dass sie eine unangenehme Information einfach löschen kann und an deren

Stelle eine für sie angenehmere einfügen kann. Da ist was Negatives, also setzt du was Positives drauf. Das ist *positives Denken*, das ist *Affirmationen setzen*, das ist frischen Lack auf einen morschen Balken streichen, aber nicht Synergetik.

Du weißt doch aus eigener Erfahrung, dass es in der synergetischen Prozessarbeit um eine sehr tiefe Auseinandersetzung mit dem Inhalt deines Unbewussten geht, und nicht um ein vorläufiges Zudecken von Sachen, die du nicht haben willst. Und du weißt sehr gut, dass sich eine neue Ordnung *von selbst* einstellt. Das ist doch das Zentrale in der Synergetik Therapie, dass sich ein *Selbstorganisationsprozess* einstellt. Also: Nicht DEIN Wille geschieht hier, nicht das, worin sich vielleicht gerade dein Ich aalen will, sondern es geschieht das, was deine innere Weisheit bewirkt. Du kannst es auch von mir aus systemwissenschaftlich ausdrücken, und sagen, es passiert das, was dein *System Gehirn* für das Beste hält, oder was sich eben durch *Selbstorganisation* von alleine gestaltet.

Ich: Du hast recht, Merlin. Ich denke wohl manchmal wirklich mechanistisch. Ich bin eben auch ein Kind meiner Zeit.

Merlin: Das ist in Ordnung. Nur musst du das jetzt richtig stellen, sonst kann die Leserin nicht verstehen, von was du eigentlich sprichst, was das *Eigentliche* der Synergetik Therapie ist. Du musst das Prinzip der Selbstorganisation noch umfassender erklären. Dann wird klar, dass alle Ebenen des Menschen zusammenwirken. Die körperliche, psychische und geistige Ebene sind doch in Wirklichkeit gar nicht voneinander getrennt, auch wenn sich das für euch Menschen so darstellen mag. Sie bilden gemeinsam ein *Ganzes*. Sie sind ein System, das sich selbstorganisatorisch gestaltet und das darüber hinaus zu ganz neuen Entwicklungen fähig ist.

Ich: Vielleicht sollte ich erst einmal erklären, warum die Synergetik Therapie eine ganzheitliche Methode ist? Das könnte ich doch am Beispiel der verschiedenen Aufgaben der beiden Gehirnhemisphären erläutern: Mit der linken Gehirnhemisphäre denken wir logisch, wissenschaftlich und linear, das ist so mehr die männliche und ich-hafte Seite unseres Wesens, die sich eher mit dem Einzelnen beschäftigt. Mit der rechten denken wir ganzheitlich, analog, systemisch, das ist die weibliche Seite unseres Wesens, die sich mit Ganzheiten und Zusammenhängen beschäftigt. Beide Hälften sind ja während einer Session aufgeschaltet und daran wird ja schon die Ganzheitlichkeit dieser Methode deutlich, nicht?

Merlin: Ja, aber das ist immer noch nicht das *Eigentliche*. Es gibt doch eine Reihe von Selbsterfahrungs- und Therapiemethoden, in denen das auch der Fall ist, denke etwa an das *Katathyme Bilderleben*, das *Holotrope Atmen*, die *Hypnotherapie*, das *Familienaufstellen* usw. Alle diese Methoden sind sehr hilfreich und heilsam, und sie haben einen ganzheitlichen Ansatz. Deshalb sind ja auch viele dieser Methoden in die Synergetik Therapie eingeflossen. Sie sind hilfreich, aber keine von ihnen arbeitet nach dem *Prinzip der Selbstorganisation!* Das ist doch das Entscheidende in der Synergetik Therapie! Durch Selbstorganisation innerhalb des *gesamten Systems,* des *gesamten Menschen*, findet die entscheidende Veränderung statt. *Das ist Selbstheilung auf höchstem Niveau!*

Ich: Aber genau das ist ja so schwer zu beschreiben. Selbstorganisation geschieht zwar ständig überall, wir kriegen es nur nicht mit. Wir denken hauptsächlich mit der linken Hemisphäre, deshalb wollen wir alles geradlinig und logisch analysieren, nur so können wir die Dinge verstehen. Das systemische Denken ist uns noch so fremd.

Merlin: Ja, das verstehe ich gut. Ihr müsstet mehr in die weibliche Seite eures Wesens kommen, da findet ihr doch alles, was ihr braucht: Intuition, analoges Denken, Ganzheitlichkeit, das ganze synergetische Zusammenwirken, von dem wir hier sprechen. Aber warum fällt das den meisten von euch so schwer? Ich verstehe das gar nicht. Sieh dir nur eure Sprache an: durch und durch männlich! Sogar viele Frauen reden noch in der Sprache des alten Paradigmas, und die ist nun mal männlich, weil das alte Paradigma von einer männlich dominanten Bewusstseinsstruktur geprägt ist.

Ich: Aus diesem Grund haben wir uns ja entschieden, in diesem Buch die weibliche Form zu benutzen. Wir haben es in der Synergetik Therapie schließlich mit einem neuen Paradigma zu tun, mit einem neuen Weltverständnis, das sowohl männlich als auch weiblich ist. Es ist uns natürlich klar, dass die weibliche Form allein auch noch keine Lösung ist, aber bis sich eine Lösung abzeichnet, wollen wir die weibliche Form benutzen, um auf die alte Einseitigkeit wenigstens hinzuweisen. Außerdem ist in der weiblichen die männliche Form ja grammatikalisch meist mit enthalten.

Merlin: Nun, es ist auch deshalb richtig, die weibliche Form zu wählen, da es um die Seele, um die Innenwelt der Menschen geht, und die ist nun mal weiblich. Aber alle diese Dinge sind eine Frage des Bewusstseins, und solange der Hintergrund dessen nicht im Bewusstsein des Menschen angekommen ist, solange wird es Reibereien darum geben. Man wird männlich mit Mann und weiblich mit Frau gleichsetzen und all diese Dinge, die du ja rauf und runter kennst. Obwohl es darum letztlich gar nicht geht. Es geht um das, was in China als Yin und Yang bezeichnet wird. Ich fürchte, du musst noch etwas Geduld haben, bis sich selbst diese einfachen Dinge in den Hirnen der Menschen etablieren, bis sich eine Veränderung abzeichnet und diese Dinge eines Tages ganz normal sind. Aber ihr werdet hinein wachsen in diese neue Zeit, die durch ein neues Denken bestimmt sein wird, und in der vor allem das Weibliche seinen Platz haben wird, da bin ich ganz sicher. Denn gerade das Weibliche wird von Bedeutung sein für die grundlegenden Veränderungen auf der Erde. Denn es wird immer weniger um die Erforschung des Einzelnen, sondern mehr und mehr um die Erforschung von Zusammenhängen, von Ganzheiten und ihrem wechselseitigen Zusammenwirken gehen. Das Denken der Zukunft wird also ein weibliches Denken sein!

Ich: Vielleicht sollte ich der Leserin erklären, warum wir in der synergetischen Prozessarbeit die Symptome, die jemand hat, nicht bekämpfen. Denn täten wir das, so handelten wir aus einer ganz und gar männlichen Sichtweise heraus, denn sie entspräche dem alten Paradigma, in dem sich der Blick vom Ganzen auf das Einzelne richtet und folglich auch nur das Einzelne sieht. Ich sollte erklären, warum die Synergetik Therapie überhaupt nicht mit Symptomen arbeitet. Daran könnte ich doch deutlich machen, dass es eben nicht um das Einzelne geht, sondern um das Zusammenwirken von allem, um den Menschen als Ganzes.

Merlin: Das ist sehr entscheidend. In der Synergetik Therapie werden keine Symptome behandelt und schon gar nicht bekämpft. Ein Symptom ist doch immer ein selbstähnlicher Ausdruck von etwas viel tiefer Liegendem. Es geht doch auch gar nicht um Symptome oder psychische Inhalte, die während einer Session auftauchen, sondern es geht einzig um die *Informationsstruktur* und um deren Veränderung. In diesem Sinne ist die Synergetik Therapie ja auch keine Therapie im klassischen Sinne. Der Begriff Therapie muss vielmehr in seiner ursprünglichen Bedeutung verstanden werden, nämlich als *Anleitung zum Höchsten*. Deshalb macht die Begleiterin nichts anderes, als den laufenden Prozess zu unterstützen. Sie behandelt keine Symptome, dafür ist sie ja gar nicht ausgebildet. Sie schreibt keine Rezepte, gibt keine Ratschläge und analysiert keine Inhalte nach dem Motto: Finde heraus, was dir passiert ist und dann kannst du dich ändern.

Ich: Oder du hast für dein weiteres Leben eine Entschuldigung: *Weil mir das und das passiert ist, bin ich so.*

Merlin: Ja, das machen doch viele. Es ist eine Form von Stagnation, von Entwicklungsverweigerung. Menschen, die so denken, bleiben in ihrem Opferdilemma stecken. Sie leiden, kriegen alle möglichen Beschwerden und sind gar nicht richtig lebendig, nicht wirklich glücklich.

Ich: Aber für viele ist doch gar nicht klar, was Glück oder Lebendigkeit überhaupt ist, Merlin. Sie wollen nichts anderes als Sicherheit. Und wir Menschen fühlen uns nun mal da am sichersten, wo wir uns auskennen: In unserem gewohnten Trott, und wenn er noch so langweilig ist; in unseren gewohnten Mustern, und wenn sie noch so idiotisch sind; kurz: in all dem, was wir kennen. Wir gehen am liebsten den Weg des geringsten Widerstandes und das ist für uns der Weg, den wir kennen. Es sind die Muster, die wir gelernt haben, die in unseren Gehirnen gespeichert sind. Da steht genau drin, was man macht und was man nicht macht. Ganz nach dem Motto: Mach es so, wie es den anderen gefällt. Wir haben gelernt so zu sein, wie wir meinen, dass wir anderen, unseren Eltern, unseren Partnern oder Vorgesetzten oder wem auch immer, gefallen. Nur leider gefallen wir uns dann selbst nicht mehr. Deshalb ist es ja auch so schwer, sich zu ändern. Wir müssen uns entscheiden, wem wir nun gefallen wollen, den anderen oder uns selbst, ob wir lebendig sein wollen oder nicht.

Merlin: Ja, ihr könnt euch vor allem deshalb so schwer ändern, weil die ganzen Muster in euren Gehirnen gespeichert sind. Ändert die Muster, dann ändert sich auch euer Leben! Nun, das entspricht dem Prinzip der Selbstähnlichkeit. Ihr sucht euch da draußen in der Welt das, was eurer Struktur in der Innenwelt entspricht. Das ist der Grund, weswegen etwa ein Mensch, der als Kind Misshandlungen erlitten hat, immer wieder zum Opfer von Misshandlungen wird.

Ich: Das Schlimmste an solchen traumatischen Erlebnissen ist ja, dass der reale Täter längst tot sein kann, aber er sitzt als Energiebild in unserem Kopf und bestimmt weiterhin unser Leben.

Merlin: Du kannst ja mal ein Buch schreiben mit diesem Titel: *Der Täter im Kopf.* Genau das ist es, was die meisten Menschen daran hindert, wirklich sich selbst zu leben und frei und glücklich zu sein.

Ich: Und oft wissen wir nicht einmal, dass wir einen Täter im Kopf haben. Wir glauben, dass wir selbst so denken, dabei denkt der *Täter.* Wir meinen, dass wir selbst entscheiden, aber es entscheidet der *Täter.* Aber der ist nichts weiter als ein Energiebild im Kopf. Ist das nicht schrecklich?

Merlin: Der Täter ist nicht das Energiebild im Kopf. Er ist eine ganz bestimmte Energie, die sich dann in einer Session in ein Energiebild übersetzt, so dass du es auch verstehen kannst, mit ihm umgehen kannst, und es sich schließlich verändern kann. Es ist eine Gnade der Natur, dass es so etwas gibt. Der Täter ist so etwas wie eine Datei, in der ganz bestimmte Informationen gespeichert sind und über das Energiebild hast du dann Zugang zu diesen Informationen.

Ich: Jetzt hast aber du selbst mechanistisch gedacht.

Merlin: Es war ja nur ein Vergleich.

Ich: Ach!

Liebe Leserin, es tut mir Leid, Sie sehen es ja selbst, wie schwierig das hier ist, in aller Ruhe seine eigenen Worte zu finden. Nun haben Sie die Bekanntschaft mit Merlin gemacht. Er ist der Alchimist und Wissenschaftler, der Lehrer und Weise meiner Innenwelt. Und Sie haben Ihn ja jetzt erlebt: Er kommt plötzlich! *Zack,* ist er da! Man kann sich nicht mal auf ihn einstellen. Außerdem kommt er stets in einem anderen Gewand, einer anderen Verkleidung. Meistens erkenne ich ihn weniger an der Gestalt, die er gerade mal wieder angenommen hat, sondern an seinem plötzlichen Erscheinen. Und dann hat er immer eine ganz kribbelige Wolke um sich herum, die auch dann noch eine Weile spürbar ist, wenn Merlin selbst schon weg ist.

Nun, er hat vermutlich Recht, wenn er sagt, ich hätte Ihnen das jetzt nicht richtig erklärt. Aber es ist ja auch nicht leicht, zu beschreiben, was in einer Session passiert. Es ist diese Gleichzeitigkeit, die es so schwer macht.

Denn die körperliche, psychische und geistige Ebene des Menschen sind ja in Wirklichkeit gar nicht voneinander getrennt. Sie sind eine Ganzheit. Und was auf einer Ebene passiert, drückt sich zugleich auch auf den anderen Ebenen aus. Das ist ein synergetisches Gesetz. Alles wirkt zusammen. Alle Ebenen stehen mit dem Gehirn in einer wechselseitigen Verbindung, das heißt: was auf dieser zentralen Ebene, in der neuronalen Matrix geschieht, hat eine Entsprechung auf den anderen Ebenen.

Das wird ja an ganz einfachen Beispielen schon deutlich. Wir erröten, wenn wir uns schämen oder erblassen, wenn wir uns erschrecken. Unser Gefühl erfährt dabei einen unmittelbaren Ausdruck auf der Körperebene. Ja, der ganze Körper drückt doch aus, wie wir uns fühlen. Und auch in der neuronalen Matrix des Gehirns manifestiert sich jedes Geschehen unmittelbar. So hat jede Emotion, jeder Gedanke, jedes Geschehen im Körper eine Entsprechung in der neuronalen Matrix. In dieser Matrix ist alles in Form von Informationen gespeichert. Sie ist sozusagen das Abbild der körperlichen, psychischen und geistigen Verfasstheit eines Menschen. Hier ist das Zentralarchiv aller Informationen. Und dieses Archiv ist die Arbeitsebene in der Synergetik Therapie.

Die Synergetik Therapie macht sich sozusagen die Arbeitsweise des Gehirns zunutze. Und wenn Sie sich jetzt noch mal daran erinnern, was wir über den Unterschied von Wahrnehmung und Realität gesagt haben, wird Ihnen auch verständlich, dass unser Gehirn nicht unterscheiden kann, ob wir eine reale Situation erleben oder ob wir eine Innenweltreise machen. Mit anderen Worten: Das Gehirn verfährt mit einem im Nachhinein gelösten Konflikt in Ihrer Innenwelt genauso wie mit einem tatsächlich ganz real in der Außenwelt gelösten Konflikt.

War nun dieser alte, ungelöste Konflikt beispielsweise die Ursache einer körperlichen Symptomatik, so löst sich jetzt, nach

Bearbeitung dieses Konfliktes, in Rückkoppelung auf die Körper-ebene automatisch auch das Symptom auf. Mit anderen Worten: Da die Botschaft gelöscht ist, bedarf es des Boten, sprich: des Symptoms, nicht mehr.

Die Auflösung von körperlichen, psychischen oder auch geis-tigen Symptomen ist sozusagen ein *Nebeneffekt* der synerge-tischen Prozessarbeit. Denn indem Sie die Information im Gehirn verändert haben, haben sich *alle* selbstähnlichen Verbindungen ebenfalls verändert. Sie haben jetzt nicht nur ein neues Programm in Ihrem Gehirn, sondern auch ein neues Programm in Ihrem Körper.

Der Neurowissenschaftler und Psychologe Vilajanur Rama-chandran hat einmal Patienten mit Gliedamputationen untersucht, und dabei eine interessante Entdeckung gemacht. Nach der Amputation haben viele dieser Patienten den Eindruck, das amputierte Bein, der Arm oder die Hand sei noch vorhanden. Dieser Eindruck ist so stark, dass sie sogar das Gefühl haben, dass sich das amputierte Glied selbständig bewegt, dass ihr Arm winkt oder ihre Hand etwas greift.

Manche Patienten haben den Eindruck, als würden sich ihre Fingernägel in den Handballen drücken, dieser aber kann kein Si-gnal ans Gehirn senden, denn der Handballen ist ja nicht mehr da. So krümmt sich die imaginäre Hand immer weiter und schließlich taucht die Schmerzerinnerung auf, denn im Gehirn ist die Erfah-rung gespeichert, dass eine bestimmte Krümmung der Finger Schmerzen im Handballen erzeugt. Die Betroffenen spüren tat-sächlich diese Schmerzen in ihrer nicht mehr vorhandenen Hand. Es ist aber nicht möglich, diese imaginäre Hand zu bewegen, um die schmerzhafte Verkrampfung zu lösen.

Ramachandran ließ nun diese Patienten ihre Arme in eine kleine Holzkiste stecken, in deren Mitte ein vertikaler Spiegel angebracht war. War zum Beispiel die linke Hand amputiert, musste der Patient von rechts in den Spiegel schauen. Nun sah er plötzlich zwei Hände nebeneinander liegen, so dass er den Ein-druck hatte, die amputierte Hand sei wieder da. Nun musste er die gesunde Hand in die verkrampfte Position bringen, welche die amputierte Hand scheinbar eingenommen hatte. Plötzlich stimmten Spiegelbild und Gefühl des Patienten überein! Öffnete er nun langsam die gesunde Hand, so sah er im Spiegel, wie sich die imaginäre Hand öffnete und entkrampfte. Der Schmerz war augenblicklich verschwunden!

An diesem Beispiel wird nur allzu deutlich, dass das Gehirn zwischen Wahrnehmung und Realität tatsächlich nicht unterscheiden kann. Es reagiert auf Informationen.

Diesen Umstand macht sich nun die Synergetik Therapie zunutze. Die Arbeit in der Innenwelt ist nichts anderes als die Arbeit mit den abgespeicherten Informationen. Während einer Innenweltreise veranlassen wir unser Gehirn, krankmachende und hindernde Strukturen einfach selbst zu verändern.

Die Alte: (läutet ihre Glocke)

Ich: Alte, bist du das?

Die Alte: Klar doch!

Ich: Warum läutest du diesmal?

Die Alte: Du wirst wieder zu wissenschaftlich!

Ich: Aber das ist doch ein sehr schönes Beispiel, an dem deutlich wird, wie das Gehirn arbeitet.

Die Alte: Ich habe dir schon gesagt, dass das nicht so wichtig ist, dass die Leserin diese Vorgänge im Einzelnen nicht zu wissen braucht. Sie wird weniger wissen wollen, *wie* es zur Heilung kommt, als vielmehr, *dass* es zur Heilung kommt. Das hast du doch überhaupt noch nicht gesagt. Stattdessen fängst du ständig bei Eva und Adam an. Machs einfacher!

Ich: Wirst du aufhören zu läuten, wenn ich ein paar Beispiele von Leuten aufschreibe, die geheilt wurden?

Die Alte: (hört auf zu läuten) Du meinst, von Leuten, die *sich selbst* geheilt haben!

Ich: Ja.

Die Alte: Mach mal!

Wer den Kern essen will, muss die Nuss knacken

Liebe Leserin, wenn wir die krankmachende Hintergrundstruktur in der neuronalen Matrix aufgelöst haben, geschieht es von selbst, dass sich auch das entsprechende Symptom auf der Körperebene auflöst.

Eine Teilnehmerin meiner Ausbildungsgruppe hat in der dritten Ausbildungswoche ihre Brille nicht mehr tragen können. Eines Morgens saß sie ziemlich aufgelöst in der Runde und erzählte ihr Erlebnis mit der Brille. Sie hatte sich schon vorgenommen, bald die Stärke ihrer Gläser neu einstellen zu lassen, weil sich ihre Augen verschlechtert hatten. Nun hatte sie selbst während der Ausbildung eine Reihe von Prozessen durchlaufen, in denen es überhaupt nicht um ihre Kurzsichtigkeit ging. Aber dennoch brauchte sie nun ihre Brille nicht mehr. Sie trägt auch heute keine Brille. Sie sieht hervorragend! Die Auseinandersetzung mit ihrer Innenwelt und die Veränderungen die hier stattgefunden haben, haben sich unmittelbar auf ihr Sehvermögen ausgewirkt.

Eine andere Teilnehmerin litt seit vielen Jahren an Myomen und Zysten in Gebärmutter und Eierstöcken. Sie hatte viele Eingriffe und Operationen hinter sich und im zweiten Ausbildungsjahr meldete sich ihr Leiden wieder. Sie hatte mehrere Zysten und Myome, die bereits vom Gynäkologen diagnostiziert worden waren und sie hatte bereits einen Termin im Krankenhaus. Dieser Termin rückte nun näher und sie entschloss sich, das Problem in ihrem Unterleib synergetisch zu bearbeiten. In nur zwei Sessions hatte sie es geschafft. Zwei Tage später hatte sie ihre Untersuchung beim Gynäkologen, der nun nur noch den Rest eines Myoms in der Gebärmutter feststellen konnte. Ein sechs Zentimeter großes Gewächs war auf einen Zentimeter Durchmesser geschrumpft. Alle anderen hatten sich bereits aufgelöst.

Ist das nicht genial? Wie wunderbar sich die Natur selbst hilft, wenn wir sie nur lassen. Mit der Synergetik haben wir eine Methode zur Hand, die es uns ermöglicht, ein Krankheitsgeschehen auf ganz natürliche Weise *selbst zu heilen!* Alles, worauf es ankommt, ist unsere Bereitschaft, uns wirklich auf das einzulassen, was da ist. Ein jeder Prozess in der Innenwelt verläuft ganz nach dem Motto: *Nehmen, was da ist.* Es ist genau wie beim Kochen.

Da wir es hauptsächlich mit unbewusstem Material zu tun haben, ist es nicht ungewöhnlich, wenn wir auch auf unangenehme Dinge stoßen. Dabei kann es sich um Erinnerungen und Konflikte handeln oder auch um eigene Anteile, die wir verdrängt haben.

So kann es sein, dass wir in unserer Innenwelt einer scheußlichen Gestalt begegnen, mit der wir zunächst gar nichts zu tun haben wollen, und von der wir meinen, dass sie nicht das Geringste mit uns zu tun hat.

Im Laufe unserer Auseinandersetzung mit ihr werden wir feststellen, dass sie sich verwandelt. Manchmal ist das wie im Märchen, wenn sich ein hässliches Ungeheuer plötzlich als der verzauberte Märchenprinz entpuppt. Wir sind dann diejenigen, die ihn erlösen.

Es gibt aber auch schrecklichere Scheußlichkeiten, die man am besten vernichtet und sich auf diese Weise von ihnen befreit. Und dafür ist der Dhyando ein geeignetes Instrument. Ich erwähnte den Dhyando bereits, als ich Ihnen von diesem blöden Zwerg berichtete, wissen Sie noch?

Ein Dhyando ist ein stabiler Kunststoffschlauch, mit dem man direkt auf ein solches Energiebild einschlagen kann. Es ist ganz erstaunlich, wie viel Energie oftmals in solchen Scheußlichkeiten gebunden ist. Wenn wir den Dhyando einsetzen, können wir direkt beobachten, wie ein solches Scheusal immer kleiner wird, wie es schrumpft und schließlich nur noch ein unbedeutendes Etwas ist, während wir, obwohl wir vielleicht gerade heftigen Körpereinsatz hatten, plötzlich diese ganze vorher gebundene Energie in uns selbst spüren können.

Man kann die unbedeutenden Reste eines solchen Scheusals auch verbrennen, das machen viele. In dem Fall spielt die Therapeutin das knisternde Geräusch eines Feuers ein. In der synergetischen Prozessarbeit werden Musik und Geräusche eingesetzt, um die Energie anzuheben und den Themen, die gerade da sind, auf die Sprünge zu helfen. Außerdem dient dies der Ankerung von Transformationsprozessen.

Wenn nun die Begleiterin das Geräusch von Feuer einspielt, man selbst entspannt im Hier und Jetzt da liegt und man zuschaut, wie die letzten Reste des Scheusals verbrennen, kann man fühlen, wie die ganze Last von einem abfällt wie eine reife Birne. Wunderbar!

Aber wie gesagt: Am besten ist es, wenn man einem Scheusal mit dem Dhyando den Garaus macht. Auf den folgenden Abbildungen sehen Sie den Dhyando im Einsatz. Unten rechts sehen Sie einen mittlerweile ausrangierten Dhyando aus dem Synergetik Institut. Es ist einer der Dhyandos, die Bernd Dhyan Joschko auf zehntausenden von Innenweltreisen mit seinen Klientinnen und Klienten begleitet hat.

Eigentlich wollte ich Ihnen mehr vom Begründer der Synergetik Therapie erzählen. Aber ich werde schon wieder gedrängt. Zuerst soll ich erzählen, wie ich SIE kennen gelernt habe.

Sie sehen ja, wie es hier zugeht, ich kann nur sehr wenig selbst entscheiden. Ich fände es am besten, Ihnen jetzt erst mal so eine Innenweltreise zu beschreiben, damit Sie im Bilde sind, aber: Keine Chance. Ok. Ich erzähle Ihnen jetzt also die Geschichte meiner ersten Begegnung mit IHR.

Arbeiten mit dem Dhyando

Ich habe Ihnen ja schon berichtet, dass ich eine Ausbildung am Synergetik Institut in Bischoffen-Rossbach mache. Es handelt sich dabei um eine sehr praktisch orientierte Ausbildung. Wir lernen nicht nur einen Haufen Theorie, sondern arbeiten vor allem auch praktisch. Wenn Sie mehr über die Ausbildung zur Synergetik Therapeutin oder Profilerin wissen wollen, informieren Sie sich im Internet unter

www.synergetik-ausbildung.info

Eines der Themen in der Ausbildung heißt: *Innere Frau, Innerer Mann*. Diese beiden zählen zu den *Inneren Instanzen*. Es sind Gestalten, die überwiegend kollektive Bedeutung haben, darüber hinaus aber auch eine sehr persönliche Färbung tragen. Die *Innere Frau* steht für die eigene Weiblichkeit, während der *Innere Mann* dementsprechend für die eigene Männlichkeit steht. Der optimale Fall ist dann, wenn diese beiden sich nicht nur kennen oder während einer Session kennen lernen, sondern sich am Schluss auch kriegen. Wenn es also ein Happyend gibt, indem sie heiraten oder doch zumindest turtelnd auf einem Parkbänkchen oder, wie es in meinem Fall war, auf einer Bank im Schlosspark meines *Inneren Mannes* hocken, unter einem Rosenbogen, auf dem zwei weiße Täubchen flirten, mit zwei kitschigen weißen Schwänen daneben.

Sie sehen schon, ich habs ja wirklich mit Aschenputtel. Eine gewisse Selbstähnlichkeit dieses Märchen mit dem Inhalt meiner eigenen Innenwelt lässt sich nicht leugnen.

In der Innenwelt begegnen wir der *Inneren Frau* oder dem *Inneren Mann* meist an einem Strand. Nach der Entspannungsphase schwebt man in einer Lichtkugel über ein fernes Gestade und landet an einem Meeresstrand. Mit dem Meer haben wir es ja auch mit einem kollektiven Symbol zu tun, einem Symbol für die allumfassende Seele, in der alles, einschließlich uns selbst, eingeschlossen und getragen ist.

Nun schaut man eine Weile hinaus auf dieses Meer und wird dann von der Begleiterin aufgefordert, entweder nach links oder nach rechts zu schauen, je nachdem, ob man seine Innere Frau, die sich von links nähert, oder seinen Inneren Mann, der sich von rechts nähert, kennen lernen möchte.

Bei mir war es so, dass ich an einem wunderbaren Meer landete. Es war warm, die Sonne schien, etwas vom Strand entfernt wuchsen Palmen und dahinter war ein zauberhafter Urwald zu sehen. Der Strand dehnte sich endlos bis zum Horizont und ich sah nach links.

Mein Herz klopfte aufgeregt, ich war nervös. Wie würde sie aussehen, wie auf mich reagieren. Hoffentlich trug sie keine Küchenschürze und war halbwegs in Ordnung. Aber so lange konnte ich gar nicht überlegen, wie sie denn nun sein könnte, denn ich sah sie aus der Ferne schon auf mich zu kommen.

Ihr weicher Gang war geschmeidig, aber fest und sicher. Ich traute meinen Augen nicht: Sie trug *meine* Farben! Orange, Mohnrot, Frühlingsgrün, Türkis. Sie war bunt wie ein Kanarienvogel in ihrem Chiffonkleid, dessen fast durchsichtige Seide leicht in der Meeresprise wehte, so, als ob sie Flügel hätte. Ihre rotblonden langen Haare wehten im warmen Wind und dann stand SIE vor mir!

Ich war so überwältigt, dass ich nichts sagen konnte.

In der Innenwelt

SIE: Wie schön, dass du endlich da bist. Ich habe schon so lange auf dich gewartet.

Ich: DU hast auf mich gewartet?

SIE: Ich bin deine *Innere Frau*. Wir haben sehr viel gemeinsam.

Ich konnte mir nicht vorstellen, was ich mit dieser wunderbaren Frau gemeinsam haben sollte. Aber SIE reichte mir einfach IHRE Hand und nahm mich mit sich fort. Eine Weile gingen wir am Strand entlang. Wir waren beide barfuß und ich sah zum ersten Mal IHRE schönen Füße. Makellos, jeder Nagel ein Juwel. Und meine? Ok, wir wollen jetzt nicht von meinen Füßen sprechen.

Ein schmaler Pfad führte uns vom Strand weg in Richtung Urwald. Wir stiegen leicht nach oben, vorbei an allerlei Gebüsch, in dem sich bunte Vögel und Schmetterlinge tummelten. Riesige mohnrote Blüten, denen ein Duft entströmte, den ich vorher noch nie gerochen hatte, benebelten meine Sinne. Ich hatte das Gefühl, zu schweben. Irgendwie kam ich mir vor, als sei ich über alle Maßen verliebt. Verstohlen warf ich einen Blick zur Seite. Und dann sah ich es zum ersten Mal: Dieses atemberaubende Lächeln, dass nur SIE so lächeln kann, und das ich von nun an noch oft sehen sollte.

Sie führte mich in IHRE Welt, von der ich Ihnen ja schon berichtet habe. Bei meinem ersten Besuch sah ich, wie groß und weit hier alles war. Allein der Garten! Es gab keine Zäune, nirgendwo war ein Ende zu sehen und ich fragte SIE, wie viel Hektar Land das denn seien.

SIE: Oh, ich fürchte, *dieses Land* hat noch niemand gemessen. Wir kennen hier keine Maßstäbe. Hier ist alles grenzenlos.

Ich: Aber irgendwo muss es doch aufhören.

SIE: Wozu?

Ich: Weil doch alles einen Anfang und ein Ende hat.

SIE: So?

Ich merkte, dass SIE damit überhaupt nichts anfangen konnte. Merkte, dass ich hier in einer anderen Welt war, in der andere Dinge wichtig sind. Ich war in der Anderswelt.

SIE schien meine Gedanken zu erraten, denn SIE führte mich vor einen großen Spiegel, in dem ich mich ganz sehen konnte. Zunächst sah ich das, was ich in jedem ixbeliebigen Spiegel in der Welt da draußen auch hätte sehen können: Eine Frau Ende vierzig mit kurzen blonden Haaren, die bereits reichlich mit aschgrauen Fäden durchzogen waren, eine Brille über den vertrauten Zügen, den Falten und Schlupflidern über den Augen, die durchfurchte Stirn. Die Beine steckten in orangefarbenen Jeans und darüber trug ich die grüne Seidenbluse, die ich mir im Atelier *Form und Farbe* in Reichelsheim von Ulrike Happel hatte nähen lassen. Kurz: Ich sah mein äußeres Erscheinungsbild in ganzer epischer Breite.

Aber dann bewegte sich der Spiegel, als sei seine Oberfläche eine Schicht aus Wasser. Wellen kringelten sich und flossen darüber. Mein Gesicht, meine Gestalt verschwammen und es war wie ein Film im Zeitraffer nach rückwärts, so dass ich immer jünger wurde, mich schließlich als Jugendliche, dann als Kind und schließlich als Säugling sah, bis alles auf einen Punkt zusammenschrumpfte und ich für einen Augenblick begriff, wer ich wirklich war. Es war der Augenblick, in dem alle Bilder, die ich von mir gesehen hatte, übereinander geschachtelt und vollkommen durchsichtig in einem einzigen Bild verschwammen.

Mein Herz stand still und ich fühlte in diesem Augenblick, dass ich mit allem eins war, dass ich Alles war und Alles sich in diesem einzigen Punkt verdichtete.

Ich weinte haltlos und SIE nahm mich in IHRE Arme. War das das Glück? War das die Erleuchtung, von der die Weisheitslehren der Völker berichten? Ich wusste es nicht. Wozu auch?

Ich nahm nun alles ganz intensiv wahr: Die Pflanzen, die Früchte und die vielen Blüten. Ich sog ihren atemberaubenden Duft in mich hinein, spürte den warmen Wind auf meiner Haut und ich fragte mich, wie lange es wohl schon her war, dass ich dies alles gespürt und empfunden hatte. Ein unglaubliches Glücksgefühl breitete sich in mir aus und ich konnte mein Herz fühlen, so weit und grenzenlos wie dieser Garten.

Es war, als ob dies alles plötzlich lebte, als ob in jedem Gewächs, in jedem Schmetterling und jedem Vogel, in jedem Stein eine Seele sei, die zu mir sprach.

War *ich* die Gewächse? War *ich* die Vögel und Schmetterlinge und Steine? Oder waren die Pflanzen Ich? Waren die Tiere und Steine ich? War am Ende dieser ganze Garten ich oder war ich der Garten?

Ich wusste es nicht. Wozu auch. Ich lebte, und ich begriff plötzlich, was das ist: *Leben!*

Es ist diese unglaubliche Intensität, das Gefühl, ja das Wissen darum, dass dies alles Eins ist.

In den kommenden Wochen bin ich häufig in die Natur gegangen. Den halben Sommer habe ich im Garten verbracht. Es war der erste Sommer, in dem ich die Gartenarbeit ziemlich vernachlässigt habe. Vieles habe ich einfach liegen lassen. Die Büsche und vor allem der Knöterich am Haus wuchsen ins Unermessliche. Die wilde Rose an meiner Terrassentür schaffte es bis zum Balkon und war im Herbst schließlich bis übers Dach gewachsen. Ich hatte nicht gewusst, wie hoch so eine Rose hinaus kann.

Andreas hat dann im Herbst eine Weile gebraucht, um all dies zu kürzen und den ganzen Grünschnitt zu entsorgen.

Es war ein wunderbarer Sommer. Morgens habe ich mein Laptop durchs Fenster nach draußen auf den Tisch gestellt und auf der Terrasse gearbeitet.

Ich war in diesem Sommer mit dem anderen Buch beschäftigt. Davon will ich Ihnen kurz berichten, denn dieses andere Buch ist schuld an meinem *Versorgungsproblem*. Denn es war so, dass mich dieses Buch so ungeheuer beschäftigte, dass in meinem

Kopf kaum noch etwas anderes Platz fand. Alle anderen Tätigkeiten und Beschäftigungen waren mir lästig und ich wollte am Liebsten Tag und Nacht mit diesem Buch verbringen.

Nun habe ich zwar an diesem Buch gearbeitet und jeder normale Mensch würde behaupten, dass ich es auch selbst geschrieben hätte, wenigstens einen großen Teil. Und doch kann ich nicht so ohne weiteres sagen, dass *ich* das Buch geschrieben habe. Es war eher umgekehrt: Das *Buch* schien *mich* zu schreiben. Ich steckte bis über beide Ohren im Bann dieses ganzen ungeheuer komplexen Themas und war regelrecht abgetaucht.

In meinem Inneren ging etwas vor, von dem ich nicht klar sagen kann, was es war. Ich merkte, wie sich etwas ganz Wesentliches in mir zu verändern schien. In vielen Situationen stand ich plötzlich regelrecht neben mir. Ich war irgendwie nicht mehr identifiziert mit den Dingen. Da war so etwas wie eine Distanz zu meinen Gefühlen, zu meinen Gedanken, zu meinem Ich. Ich nahm alles nicht mehr so persönlich, sah plötzlich die seltsamsten Zusammenhänge und alles, was ich erlebte, was ich fühlte und dachte, kam mir vor wie eine Art Feld, in dem sich alles gleichzeitig und vollkommen durchsichtig für mich ereignete. Es war ein bisschen so wie vor IHREM Spiegel.

Ich kannte solche Zustände bis dahin nur aus der Meditation oder aus den Reiki-Übungen. Irgendetwas beobachtete in mir drin mein Tun, mein Befinden, meine Gedanken, aber es war nicht das *Ich*. Es war etwas, das auch das Ich beobachtete.

Nun, das Buch, an dem ich schrieb, ist ein Buch über die Entwicklungsgeschichte des menschlichen Bewusstseins aus synergetischer Sicht. Ich möchte damit die Evolution des menschlichen Geistes beschreiben und darlegen, wie sich die verschiedenen Schichten der menschlichen Seele gebildet haben, welche Bedeutung sie haben und wie wir sie aus der Sicht der Synergetik einordnen können. Das hat natürlich eine ganz wesentliche Bedeutung für die Synergetik Therapie. Denn mit Hilfe dieses Wissens um die Evolution des menschlichen Bewusstseins sind wir in der Lage, in den synergetischen Innenweltreisen das ganze Spektrum des Bewusstseins eines Menschen einzubeziehen.

Es ist ein wissenschaftliches Buch mit vielen Zitaten und Fremdwörtern. Es greift zurück auf antike und mittelalterliche Philosophie und Kunst, auf die ganze mentale Entwicklung des Menschen seit der Neuzeit und findet Antworten auf die momentane globale Krise, die sich nicht nur in Fragen des Bewusstseins, sondern in fast allen Bereichen menschlichen Denkens und Handelns auf der Erde darstellt. Außerdem versuche ich in diesem Buch den Beginn eines neuen Bewusstseins darzulegen, welches sich in vielen Bereichen bereits seit langem ankündigt: ein integrales Bewusstsein, das in der Lage ist, alle bisher entstandenen Bewusstseinsschichten unserer Seele einzubeziehen. Auf diesem Hintergrund erscheinen die Synergetik Therapie und das Profiling als bewusstseinserweiternde Methoden der Zukunft. Einer Zukunft, die integral sein wird.

Sie können sich sicher vorstellen, dass so ein komplexes Thema schwer mit der Arbeit in einem Haushalt, mit der ordnungsgemäßen Pflege eines Gartens oder auch nur mit der Herstellung eines Essens kompatibel ist.

Verstehen Sie mein Problem?

Merlin: Niemand kann wohl besser verstehen, liebe Marina, dass du jetzt gern über dein Buch sprechen möchtest, als ich. Aber du hast jetzt eine andere Aufgabe. Du sollst jetzt der Leserin mal eine synergetische Innenweltreise beschreiben. Bitte ganz praktisch und mit wenig Fremdwörtern.

Ich: Du hast gut reden, als ob das so einfach wäre.

Merlin: Ich denke, es ist wichtig, dass die Leserin mal an einem Stück erfährt, wie eine Innenweltreise, eine Session, abläuft, damit sie sich das auch vorstellen kann.

Ich: Das ist genau das, was ich die ganze Zeit will, aber man lässt mich ja nicht.

Merlin: Dann fang doch jetzt ganz einfach damit an.

Ich: Ich weiß gar nicht, was ich schon alles erzählt habe. Vielleicht werde ich mich wiederholen.

Merlin: Und wenn schon. Über Synergetik Therapie kann man ohnehin nicht genug hören, es sei denn, man macht selbst Innenweltreisen, dann kann mans ja erleben.

Ich: Ok. Dann fange ich jetzt noch mal von vorne an.

Ein gutes Mahl lohnt Müh und Qual

Eine Innenweltreise

Also, liebe Leserin, wie sieht nun so eine Innenweltreise aus und was brauchen Sie dazu? Außer einer Augenbinde brauchen Sie nichts, denn in Ihrer Innenwelt steht Ihnen alles zur Verfügung, was Sie benötigen. Und Sie werden feststellen, dass dies weit mehr ist, als Sie denken!

Sie können mit dem Schiff, mit der Bahn oder mit dem Flieger reisen, oder auch ganz nostalgisch mit einer Dampflok oder einer Pferdekutsche. Sobald Sie bei Ihrer Therapeutin eine synergetische Innenweltreise gebucht haben und eingestiegen sind, ist alles, was Sie erleben, im Preis inbegriffen. Ob erster oder dritter Klasse spielt keine Rolle. Sie haben ja ohnehin die Möglichkeit, Ihre Reise nach Ihren eigenen Wünschen und Bedürfnissen zu gestalten. Und wenn Sie mit etwas nicht zufrieden sein sollten, dann sprechen Sie es einfach gleich an und sagen, was Sie wollen. So einfach ist das.

Sie können aber auch selbst laufen oder selbst fliegen, ganz wie Sie wünschen. Sie treffen hier auf Helferinnen und Helfer, die Sie in schwierigen Situationen begleiten und unterstützen, oder die Sie auf Ihrem Weg durch Ihr inneres Reich führen. Es ist nicht selten, dass Ihnen hier Gestalten aus Mythen und Märchen begegnen, vielleicht Aschenputtel oder Merlin, Amor oder Helena. Es kann auch ein Engel auftauchen oder eine berühmte Persönlichkeit. Vielleicht ist es Inspektor Colombo, der mit Ihnen auf Spurensuche geht oder Sie haben die Ehre mit Robert De Niro auf einem Opernball zu tanzen.

Alle Gestalten aber und alles, was Ihnen in Ihrer Innenwelt begegnet, hat entscheidend mit Ihnen selbst zu tun und zeigt Ihnen direkt, unverblümt und grundehrlich, was bei Ihnen los ist.

Und hier, liebe Leserin, werden Sie vielleicht merken, dass die synergetische Arbeit in der Innenwelt nicht für jeden Menschen geeignet ist. Denn viele wollen es gar nicht wissen, was sie krank macht, was sie daran hindert, glücklich zu sein, was sie daran hindert, in ihre Kraft zu treten und wirklich zu leben. Sie wollen in ihrem gewohnten Trott bleiben, und immer wieder die gleichen Dinge erleben, immer wieder die gleichen Erfahrungen machen, selbst wenn sie darunter leiden. Sie glauben, dass sie sich gar nicht verändern können und dies auch gar nichts nützt. Die Welt da draußen müsste sich ändern, denn die Welt da draußen ist schlecht. Sie war schon immer schlecht und wird auch so bleiben. Was soll sich daran ändern?

Nun, liebe Leserin, diese Menschen kennen natürlich den Unterschied zwischen Wahrnehmung und Realität nicht, denn würden sie ihn kennen, wüssten sie, dass ihr Unglück keineswegs Schicksal ist.

Aber es ist wirklich möglich, nicht nur die eigene Innenwelt, sondern auch diese Welt da draußen zu verändern. Denn auch diese beiden Welten stehen in einem wechselseitigen Verhältnis zueinander, und was in der einen Welt geschieht, hat eine Entsprechung in der anderen Welt. Das ist ein synergetisches Gesetz!

Die Alte: (läutet ihre Glocke)

Ich: Bist du das, Alte?

Die Alte: Klar doch!

Ich: War ich wieder zu wissenschaftlich?

Die Alte: Nein, du driftest jetzt ab in metaphysische Hochburgen.

SIE: Aber das ist doch sehr interessant. *Was die Welt im Innersten zusammen hält*, ist doch eine wichtige Frage, welche nicht nur für den einzelnen Menschen, sondern für die ganze Menschheit von Bedeutung ist.

SIE: Finde ich auch.

Die Alte: Das führt doch hier jetzt viel zu weit.

Ich: Ich glaube schon, dass sich die Leserin dafür interessiert, dass wir selbst ein wichtiger Teil des Ganzen sind und dass wir....

Merlin: Gewiss, gewiss. Niemand weiß so gut wie ich, dass du jetzt lieber über diese tiefen Zusammenhänge der Wirklichkeit sprechen möchtest. Aber du hast jetzt trotzdem eine andere Aufgabe. Du musst jetzt erzählen, wie die Session weiter abläuft. Gut, fahren wir also fort in der Beschreibung einer synergetischen Innenweltreise. Liebe Leserin, was Sie zunächst wissen müssen, ist, dass Sie völlig unbedarft an eine solche Reise herangehen können. Es erwarten Sie hier keineswegs Aufgaben, die Sie nicht bewältigen könnten. Ihre Begleiterin hilft Ihnen bei allen Schritten und Sie werden in allem, was Ihnen begegnet, von Ihrer inneren Weisheit geführt, die Ihnen immer genau diejenigen Aufgaben gibt, die gerade anstehen und die Sie in jedem Fall auch bewältigen können.

Vielleicht brauchen Sie erst mal ein paar Umwege, um dann an einen für Sie wichtigen Punkt, an eine entscheidende Stelle zu gelangen. Aber letztlich führen alle Wege nach Rom und Sie können sich nicht verlaufen.

Die Einstimmung

Zunächst gleiten Sie mit Hilfe einer ruhigen Musik und unter der Anleitung Ihrer synergetischen Begleiterin in einen Zustand der Entspannung. Sie können ihre Stimme hören und die Musik und Sie atmen sich leicht in eine Entspannung hinein, so dass Ihr Körper einfach los lassen kann, Ihre Muskeln sich entspannen können und Ihr Atem Sie mit der Zeit noch tiefer zu sich selbst trägt. Sie wissen, dass es ganz einfach ist, sich zu entspannen und dass es für Sie gar nichts dabei zu tun gibt, nichts richtiges, nichts falsches, gar nichts.

Sie spüren, dass Sie mehr und mehr von etwas getragen werden. Sie fühlen sich sicher und ein Gefühl des Wohlseins breitet sich in Ihrem Körper aus.

Ihr Gehirn arbeitet jetzt auf einer niedrigeren Frequenz (8-13 Hz. statt 13-30 Hz.), so dass die rechte Gehirnhemisphäre aktiviert ist, die für analoges, intuitives und ganzheitliches Denken zuständig ist. Jetzt können Sie in Ihre innere Welt hinabsteigen und in Kontakt mit Ihrem Unbewussten gehen.

Sie schlafen aber nicht, und der Zustand, in dem Sie jetzt entspannt liegen, ist auch kein hypnotischer Zustand. Sie können ihn vergleichen mit der Ruhe und Entspanntheit, die Sie vielleicht vom Autogenen Training oder aus der Meditation kennen. Im Prinzip braucht es diese Entspannung eigentlich gar nicht, denn die meisten Menschen können schnell von einer auf die andere Ebene umschalten. Kurz: Man kann diese Entspannung auch einfach weg lassen, und trotzdem eine Innenweltreise machen. Aber den meisten Menschen tut es gut, einfach mal abzuschalten, sich einfach fallen zu lassen, einfach etwas geschehen zu lassen, wozu sie im Alltag keine Zeit haben.

Ihr waches Tagesbewusstsein, Ihr Ichbewusstsein, ist während der gesamten Reise aktiviert. Das ist ganz entscheidend, denn Ihr Ich ist die handelnde Instanz Ihres Bewusstseins, und in der Synergetik Therapie wird diese Instanz entschieden gestärkt, was Sie dann auch im Alltag deutlich spüren. Stichwort: Handlungskompetenz.

Sie haben also jederzeit die volle Entscheidungsfreiheit und Kontrolle über Ihr inneres Handeln. Sie sind sich aller Schritte also voll bewusst, können aber gleichzeitig tief da drinnen bei sich selbst sein.

Nach dieser Entspannungsphase werden Sie von Ihrer Begleiterin aufgefordert, vor Ihrem inneren Auge zum Beispiel eine Treppe auftauchen zu lassen. Eine Treppe, die nach unten führt und in einem Gang mündet, von dem Türen abgehen. Sie gehen diese Treppe jetzt runter und suchen sich eine von den Türen, die Sie vorfinden, aus. Es kann sein, dass Sie sofort wissen, welche Tür Sie aufmachen wollen, vielleicht steht auf dem Türschild auch etwas drauf, was Sie interessiert, zum Beispiel: Büro, Küche oder Schlafzimmer, vielleicht auch Beziehung, Migräne oder Einsamkeit.

Es kann auch sein, dass Sie eine Weile in Ihrem Gang herum laufen, und sich nicht entscheiden können, welche Tür Sie aufmachen wollen. Denn wahrscheinlich wissen Sie in diesem Moment nicht, dass alle Wege nach Rom führen, bzw. jede Tür in Ihre Innenwelt führt. Aber das macht nichts, denn irgendwann, wenn es *Ihre* Zeit ist, wählen Sie eine der Türen und in dem Augenblick, in dem Sie die Türe öffnen, spielt die Begleiterin ein Türengeräusch ein. Hier erleben Sie wahrscheinlich zum ersten Mal so eine Art Kipppunkt. Denn nun befinden Sie sich in einer anderen Welt, in *Ihrer* eigenen Welt. Und jetzt beginnt Ihre Reise.

Die Reise beginnt

Die Begleiterin: Und vielleicht kannst du dir jetzt schon vorstellen, wie sich vor deinem geistigen Auge ein Gang eröffnet, von dem Türen abgehen.

Ich: Ich bin schon unten. Es gibt viele Türen, alle haben sie eine andere Farbe. Aber hier vorne ist eine, die ist größer als die anderen Türen. Die möchte ich mal aufmachen.

Die Begleiterin: Guck mal, ob was drauf steht, ob es vielleicht ein Türschild gibt.

Ich: Nein, es gibt kein Türschild. Ich lass mich mal überraschen, ich mache jetzt die Tür auf.

Die Begleiterin spielt ein Türengeräusch ein.

Ich: Ach du Schande. Hier ist es aber dunkel. Man kann ja nichts sehen. Und es riecht so muffig.

Die Begleiterin: Wie geht's dir denn damit?

Ich: Ich hab das Gefühl, als gäbe es für mich hier was zu tun. Es müsste mal heller sein.

Die Begleiterin: Schau doch mal, vielleicht gibt es einen Lichtschalter?

Ich: Ja, ich hab jetzt erst mal Licht gemacht. Hier sieht es nicht grade einladend aus. Die Decke ist so niedrig, dass ich grad mal drunter passe. Es ist hier sehr eng alles, obwohl es ein großer Raum zu sein scheint. Hinten in der Ecke stehen Stühle und Tische herum. Auf den Tischen ist überall weißer Staub. Vorne hängt eine alte Schultafel, die ist ganz schmutzig und überall sind Spinnweben. Ich fühle mich gar nicht wohl hier.

Die Begleiterin: Willst du das dem Raum mal sagen?

Liebe Leserin, stellen Sie sich vor, Sie treffen in Ihrer Innenwelt auf einen Raum, der dunkel und schmutzig ist, in dem altes Gerümpel herum steht und in dem überall Spinnweben sind. Das ist natürlich kein angenehmes Gefühl. Aber Sie treffen hier auf eine Situation in *Ihrer Innenwelt*, das heißt, dass dieser Raum ganz entschieden mit *Ihnen selbst* zu tun hat. Jetzt haben Sie die Möglichkeit, aufzuräumen, sich von Gerümpel, Staub und Dingen zu trennen, die Sie in Zukunft nicht mehr brauchen werden.

Ich: Raum, du bist schmutzig und ich fühle mich nicht wohl in dir!

Nun gibt es verschiedene Möglichkeiten. Der Raum antwortet Ihnen oder es erscheint etwas Neues. Angenommen, der Raum antwortet:

Raum: Ich muss hier so viel Gerümpel aufheben, für das sich niemand interessiert. Es kommt niemand vorbei und macht hier mal sauber.

Vielleicht werden Sie an dieser Stelle plötzlich ganz traurig oder Sie fühlen sich erschöpft. Ihre Begleiterin ermuntert Sie jetzt, dieses Gefühl zuzulassen, noch tiefer hinein zu gehen. Möglicherweise haben Sie jetzt Körpersensationen, vielleicht verspüren Sie einen Druck auf der Brust oder Verspannungen in den Schultern, vielleicht sind dies Schmerzen, die Sie in Ihrem Leben nur zu gut kennen. Und auch diese Empfindungen nehmen Sie jetzt ganz bewusst wahr.

Eine Möglichkeit wäre nun, dass Sie ihren Empfindungen sagen, dass Sie sie wahrnehmen, dass Sie sie spüren können, und wie sie sich genau für Sie anfühlen. Sie könnten auch fragen, wo sie entstanden sind. Nun kann es sein, dass Sie eine Szene aus Ihrer Vergangenheit wahrnehmen, die möglicherweise mit diesem Raum zu tun hat. Vielleicht hatten Sie dieses Erlebnis schon ganz vergessen, aber indem es nun auftaucht, erkennen Sie, wie viel Energie darin gebunden ist.

Ich: Mir ist, als sei der Raum nun noch niedriger geworden. Ich muss meinen Kopf runter drücken.

Die Begleiterin: Wie fühlst du dich damit?

Ich: Ich habe Schmerzen im Nacken, mein ganzer Kopf tut jetzt weh.

Die Begleiterin: Sag dem Kopf doch mal, dass du ihn spürst.

Ich: Kopf, ich spüre den Schmerz. Mir wird jetzt etwas schwindelig. Schwindel, ich kann dich auch spüren.

Die Begleiterin: Kennst du diesen Schmerz oder den Schwindel aus deinem Leben?

Ich: Ja, ich hatte früher sehr oft Kopfschmerzen.

Die Begleiterin: Vielleicht lässt du mal eine Situation auftauchen, in der du Kopfschmerzen hattest? Oder du lässt den Schmerz auch mal Gestalt annehmen?

Ich: Ich bin jetzt in einer anderen Situation.

Wenn es Ihnen nun gelingt, die Situation in Ihrer Innenwelt zu verändern, die Sie nachhaltig in Ihrem Leben beeinflusst hat, wenn Sie also den Hintergrund Ihrer Beschwerden auflösen können, haben Sie sich selbst geheilt. Denn nicht nur Ihre Energiebilder erfahren in diesem Prozess eine grundlegende Veränderung, wie Sie noch sehen werden, sondern auch Ihre körperlichen Beschwerden sind jetzt nicht mehr notwendig, sie lösen sich einfach auf.

Bei dieser Veränderungsarbeit werden Sie von Ihrer Begleiterin durch Vorschläge und Angebote, vielleicht auch durch Provokationen unterstützt, und Sie können wählen oder finden andere Möglichkeiten der Vorgehensweise. Sie werden weiter unterstützt durch das Einspielen von Geräuschen und Musik, die Ihnen helfen, den Prozess in Gang zu halten.

Aber was passiert jetzt genau in diesem Prozess?

Das Chaos willkommen heißen

Sie gehen mit allem, was auftaucht in Kontakt und setzen sich damit auseinander. Zum Schluss haben Sie eine ganze Sammlung von Gestalten, Gefühlen und Körpersensationen, denen Sie begegnet sind. Sie nähern sich jetzt dem Höhepunkt Ihrer Reise.

Das ist wie das Kochen eines Eintopfes: Sie haben jetzt alle Zutaten belesen, gewaschen und vorbereitet, und Sie werfen sie jetzt alle zusammen in einen Topf. Diesen Topf nun stellen Sie auf die Kochplatte und zwar bei *großer* Flamme. In der Synergetik sprechen wir hier auch von *Energiezufuhr*. Wir geben Energie rein, um das Ganze jetzt aufzuheizen, zu kochen.

Alle Teile, die während Ihrer Reise aufgetaucht sind – Erinnerungen, Situationen, Gefühle, Körpersensationen – werden nun miteinander konfrontiert. Hieraus entsteht nicht etwa ein *heilloses Chaos*, sondern ganz im Gegenteil: Es entsteht ein *heilendes Chaos*. Denn jetzt passiert genau das, wovon wir bereits gesprochen haben. Die alte Ordnungsstruktur wird aus der Bahn geworfen und verliert jetzt im Gesamtkontext ihren Sinn. Unser Gehirn muss sich jetzt was einfallen lassen. Es sortiert nun die einzelnen Teile einfach neu ein und zwar *auf dem Hintergrund der in der Session erlebten Veränderung*. Auf dem Kulminationspunkt der ganzen Session, auf dem Kipppunkt, *kippt* plötzlich die ganze Situation in eine völlig neue Richtung. Was vorher dunkel und schmutzig war, erscheint plötzlich in neuem Licht, ist sauber und sieht aufgeräumt und schön aus. Hässliche Zwerge und Ungeheuer haben sich in hilfreiche Kräfte und schöne Prinzen verwandelt, Schmerzen sind aufgelöst und an ihrer Stelle spüren Sie jetzt ein unglaubliches Gefühl der Befreiung und Entspannung.

Was hier passiert, kommt Ihnen, wenn Sie das selbst erleben, wie ein Wunder vor. Und viele erleben dabei intensive Gefühle der Euphorie und Dankbarkeit. Sie werden augenblicklich für Ihre Anstrengungen belohnt, und das dürfen Sie auch voll und ganz genießen. Und während Sie diesen Zustand genießen, spielt Ihnen die Begleiterin eine schöne Musik ein oder Meeresrauschen, Vogelgezwitscher oder was auch immer Ihnen gut tut. Während dessen werden die neuen Erlebnisse, die neuen Informationen in Ihrem Gehirn geankert.

Ich: Wer ist denn da? Wer drängt mich denn?

Die Stimme: hi, hi,hi!

Ich: Ich kann dich aber nicht sehen. Nimm doch mal Gestalt an!

Die Stimme: ha, ha, ha!

Ich: Ich stehe jetzt auf einem Feldweg. In der Mitte wächst Gras, es ist etwas vertrocknet. Es ist heiß, die Sonne scheint. Wer ist denn da?

Die Stimme: Hi, hu,hu,hu,ha,ha!

Ich: In der Ferne scheint was zu sein. Ich gehe jetzt einfach mal weiter. Der Weg führt gerade aus und ich schwitze. Mensch, ist das hier heiß. Ich muss mal was ausziehen. Die Landschaft wird jetzt trockener, es wächst hier kein Gras mehr. Ich habe Durst. Ist denn hier niemand? Ich fühle mich so schwach. Jetzt teilt sich der Weg.

Die Stimme: Bifurkation, Bifurkation! Ha,ha,ha!

Ich: Ich weiß nicht, welchen Abzweig ich nehmen soll. Beide Wege sind sandig und sehen gleich trostlos aus. Kann mir denn niemand helfen?

Die Stimme: Bifurkation, Bifurkation, hi,hi,hi!

Ich werfe mich in den Sand, die Tränen kommen mir. Ich fühle mich hilflos, zum Sterben elend. Ich bin ganz allein.

Die Stimme: *Staub sollst du fressen und mit Lust!*

Ich: Wer bist du? Warum zeigst du dich nicht?

Die Stimme: *Ich bin ein Teil von jener Kraft, die stets das Böse will, und stets das Gute schafft.*

Ich: Ich habe nicht verstanden, was du gesagt hast. Jetzt zeige dich!

Die Stimme: Ho, ho, ho. Jetzt wirst du ja richtig wütend! Wusste gar nicht, dass du das kannst.

Ich: Und ob ich das kann. Ich *will* dich jetzt sehen! Und wenn du nicht sofort erscheinst, dann setzt es etwas.

Ich setze mich auf. Ein Dhyando wird mir gereicht. Ich nehme ihn drohend in die Hand.

Die Stimme: Oh, ein Dhyando, was willst du mir damit sagen, Kleines? Willst du *mir* etwa drohen?

Ich spüre, wie sich etwas um mich herum legt, eine bedrohliche dunkle Wolke, die mir Angst macht.

Ich: Du machst mir Angst. Ich lege resigniert den Dhyando wieder hin und grabe meinen Kopf unter die Arme. Mir wird schlecht und ich weiß nicht, was ich tun soll.

Die Begleiterin: Geh mal tiefer in dieses Gefühl rein. Spüre mal deine Angst.

Ich: Ich will sie nicht spüren. Sie ist mir zu groß.

Die Begleiterin: Dann sag das mal deiner Angst.

Ich: Angst, ich will dich nicht spüren, du bist so groß!

Die Begleiterin: Guck mal, ob die Angst reagiert, ob sich was verändert.

Ich: Nein, es verändert sich nichts.

Die Begleiterin: Vielleicht willst du die Angst ja mal Gestalt annehmen lassen oder dir zeigen lassen, wo sie entstanden ist.

Ich: Ich weiß nicht.

Die Stimme: Ha,ha,ha!

Die Begleiterin spielt eine apokalyptische Musik ein. Sie wird immer lauter und lauter und ich vergrabe meinen Kopf tiefer unter meinen Armen. Ich bin total verkrampft, ich kann mich vor Angst nicht mehr bewegen. Plötzlich stehe ich an der Tafel. Die Kreide in meinen Händen zittert, ich schlucke die aufsteigenden Tränen hinunter. Jetzt bloß nicht anfangen zu weinen. Mein Kopf ist ganz heiß, ich schwitze. Die Zahlen an der Tafel verschwimmen vor meinen Augen. Ich weiß nicht, was ich machen soll.

Frau Platsch: Los, rechne! Oder kannst du's nicht?

Ich schlucke und schlucke. Sie zeigt mit ihrer knochigen Hand auf eine Zahl.

Frau Platsch: Was ist das für eine Zahl?

Ich: Ich weiß es nicht. Ich muss nachdenken.

Frau Platsch: Vielleicht denkst du jetzt mal!

Ihre Hand klatscht auf meine Wangen. Ich kann die Tränen nicht mehr halten. In der Klasse ist es so still wie in einem Grab. Alle haben Angst.

Die Begleiterin: Schau sie an. Wie sieht sie aus? Guck ihr in die Augen!

Ich: Sie ist wütend. Lässt ihren Frust an uns Kindern aus. Ich hasse sie!

Die Begleiterin: Dann sag es ihr!

Ich: Ich hasse dich. Du blöde Kuh!

Die Begleiterin: Wie reagiert sie?

Ich: Sie wird noch wütender, sie will mich weiter schlagen.

Die Begleiterin: Wie ist das für dich? Willst du dir das weiter gefallen lassen?

Ich: Eigentlich nicht, aber sie ist so groß. Ich weiß nicht, was ich tun soll. Ich bin doch erst acht.

Die Begleiterin: Spür mal, wie sich die kleine Marina jetzt fühlt.

Kleine Marina: Ich habe Angst, ich kann mich nicht bewegen.

Die Begleiterin: Vielleicht magst du dir jemand dazu holen. Deine Mama oder deinen Papa oder jemand anderes?

Kleine Marina: Ach meine Eltern können mir da auch nicht helfen. Gegen die Platsch kommt hier niemand an.

Die Begleiterin: Vielleicht holst du mal die große Marina dazu?

Kleine Marina: Ja, die ist jetzt da. Sie baut sich vor der Platsch auf.

Große Marina: Hallo, Frau Platsch. Frau Superlehrerin dieser Schule, die Autorität in Person. Wie wünschen Sie denn angesprochen zu werden, Majestät?

Frau Platsch: Wer sind Sie und was bitte schön machen Sie in meiner Klasse?

Große Marina: Ich bin die große Marina, der Sie als Kind das Leben so schwer gemacht haben. Sie haben mich geschlagen, weil ich die Rechenaufgabe nicht konnte, Sie haben mich vor allen anderen auf dem Schulhof geohrfeigt, weil ich gelaufen bin, Sie haben mich verprügelt, weil ich mein Mäppchen nicht dabei hatte, Sie haben mich geschlagen, weil ich Angelika was vorgesagt habe.

Frau Platsch: *Ich* bin hier die Lehrerin und hab das Sagen. *Ich* weiß wohl am besten, was richtig für die Kinder ist. Bei *mir* haben noch alle das Rechnen gelernt.

Große Marina: Dann will ich *dir* jetzt das Rechnen mal beibringen!

Schau dir mal die kleine Marina da an. Siehst du ihre Angst? Siehst du das? Guck dir das mal an, was du da mit ihr machst! Du wirst dich jetzt entschuldigen bei ihr!

Frau Platsch macht keine Anstalten. Die große Marina lässt sich jetzt den Dhyando reichen.

Große Marina: Und? Wird's bald? Wirst du dich jetzt entschuldigen?

Frau Platsch macht keine Anstalten. Die große Marina schlägt ihr jetzt mit dem Dhyando eins drüber. Das Gesicht der Platsch verzerrt sich zu einer wütenden Visage. Die große Marina schlägt jetzt. Die Begleiterin spielt eine chaotische Musik ein. Die große Marina schlägt.

Die Begleiterin: Ja, genau. Schlag auf das Bild! Schau sie an dabei. Schau ihr in die Augen, halte den Kontakt. Lass es raus!

Große Marina: Ich gebs dir jetzt, du Scheusal! Du hast nicht nur mich drangsaliert, sondern auch die anderen hier.

Die Begleiterin: Ja, lass die anderen auch mal da sein.

Große Marina: Da stehen sie jetzt alle und gucken, wie ich drauf schlage. Die ganze Klasse ist da. Meine Freundin Adelheid steht ganz vorne neben Angelika. Und da hinten steht Fred, den der Trutz, unser Lehrer im fünften Schuljahr, verprügelt hat. Wir waren alle schockiert, weil das so schlimm war. Der war auch ein Schläger!

Die Begleiterin: Ja, dann lass den auch mal da sein!

Große Marina: Ja, da ist er jetzt. Der kriegt auch noch sein Fett.

Die Begleiterin: Ja, sag ihm das direkt!

Große Marina: He, du Arschloch, du kriegst auch noch dein Fett, wenn ich mit der da fertig bin.

Die große Marina schlägt und schlägt. Sie schlägt nicht nur für sich selbst, sondern auch für die anderen Kinder.

Große Marina: Du Scheusal, ich mach dich fertig. Auch meinen Bruder hast du schikaniert, hast ihm Schaden zugefügt, den du nicht mehr gut machen kannst. Dafür wirst du jetzt büßen!

Die Begleiterin: Ja, lass deinen Bruder auch da sein.

Große Marina: Da ist er jetzt. Er sieht so klein aus. Sie hat ihn auch geschlagen.

Die Begleiterin: Er soll sich das mal ansehen, was du da mit der Platsch machst. Du kannst auch deine Eltern mal dazu holen. Die haben ja damals auch nichts getan. Die sollen sich das jetzt ruhig auch mal anschauen. Guck mal, ob die kommen, ob die das jetzt sehen?

Große Marina: Ja, meine Eltern sind jetzt da. Sie haben gar nicht gewusst, wie brutal diese Frau ist. Sie sind ganz entsetzt.

Genau, schaut euch das ruhig an. Da macht ihr große Augen, was? Ich mache hier gerade das, was ihr versäumt habt. Ich tue hier eure Arbeit.

Die große Marina schlägt wütend mit dem Dhyando auf den Boden. Meine Mutter weint und mein Vater wird stinksauer. Er sagt, Wenn er das gewusst hätte, dann hätte sie aber was zu hören gekriegt.

Dann hilf mir jetzt!

Ich reiche ihm einen Dhyando, wir schlagen jetzt zu zweit. Und mein Bruder ist jetzt auch da. Ich reiche ihm auch einen Dhyando. Er grinst und jetzt haut er auch. Die Kinder feuern uns jetzt an. Sie klatschen und trampeln mit den Füßen.

Frau Platsch wird immer kleiner. Sie ist jetzt zu einem hässlichen Zwerg geschrumpft. Ich nehme sie hoch und zeige sie den Kindern. Sie jubeln und stampfen mit den Füßen auf. Die kleine Marina hat sich neben den Bruder gesetzt, in die erste Reihe. Er nimmt sie an die Hand, da fühlt sie sich jetzt wohl. Hinter den beiden sitzen jetzt die Eltern (hört auf zu schlagen, lacht).

Mein Vater winkt mir mit dem Dhyando.

Die große Marina schwitzt, ist erschöpft.

Die Begleiterin: Wie fühlst du dich?

Große Marina: Erschöpft, aber toll!

Die Begleiterin: Wie sieht jetzt die Platsch aus?

Große Marina: Die ist jetzt ganz klein geworden.

Die Begleiterin: Was willst du jetzt mit ihr tun?

Große Marina: Sie soll sich jetzt bei der kleinen Marina entschuldigen und bei meinem Bruder und bei allen anderen, denen sie was angetan hat.

Begleiterin: Gut, dann sag ihr das.

Große Marina: So, du mieses Scheusal. Du wirst dich jetzt bei allen entschuldigen, hörst du?

Frau Platsch rutscht auf allen Vieren an jedem einzelnen Kind vorbei und entschuldigt sich. Vor meinem Bruder und der kleinen Marina legt sie sich flach in den Sand und weint.

Frau Platsch: Bitte vergebt mir. Was ich getan habe, ist schrecklich. Ihr könnt mich bestrafen, töten, alles. Nur: Vergebt mir!

Sie wird kleiner und kleiner, so klein wie eines der vielen Sandkörner auf dem Schulhof und es ist nicht mehr zu erkennen, welches der vielen Sandkörner sie mal war. Es ist auch egal jetzt, ist nicht mehr wichtig. Herr Trutz steht ganz hinten und hat Angst. Er weiß, dass er jetzt dran ist.

Ich: Los, komm mal vor, du da. Schau dir mal diesen kleinen Fred da an, den du misshandelt hast. Weißt du's noch?

Die Begleiterin: Ja, lass mal den Fred da sein.

Ich: Der steht jetzt vor dem Trutz, hat ihn beim Schlafittchen genommen und schüttelt ihn durch. Stößt ihn da so vor sich her und schubst ihn. Er verpasst ihm eine Kopfnuss und sagt: *Kleine Schläge auf den Hinterkopf erhöhen das Denkvermögen.* Das hat der Trutz früher immer zu uns gesagt, wenn er seine Kopfnüsse verteilte. Der Fred wird jetzt immer größer und der Trutz immer kleiner. Ich gebe dem Fred jetzt einen Dhyando. Er schlägt und wir anderen jubeln und feuern ihn an. Ich kann jetzt spüren, wie es dem Fred immer besser geht.

Die Begleiterin: Vielleicht willst du ja mal in den Fred rein schlüpfen und das direkt spüren, als Fred?

Ich: Ja, ich schaue jetzt aus den Augen von Fred raus. Ich habe einen unmäßigen Zorn, den schreie ich dem Trutz jetzt ins Gesicht und der wird immer noch kleiner. Ich habe plötzlich so eine Kraft. Ich bin ja ganz stark! Der Trutz ist jetzt auch zu einem Sandkorn geschrumpft und ich kann ihn nicht mehr sehen.

Die Begleiterin: Vielleicht willst du ihn vorsichtshalber noch mal rufen? Nur so als Test?

Fred: Trutz? Komm noch mal zurück!

Die Begleiterin: Und, kommt er?

Fred: Nein. Er ist weg. Ich sehe jetzt Marina da stehen. Sie weint nicht mehr. Sie freut sich. Jetzt kommt sie auf mich zu und wir umarmen uns. Das ist schön.

Die Begleiterin spielt eine schöne Musik ein. Kinderlachen ist zu hören und Vogelgezwitscher. Ich ruhe mich aus. Bin erschöpft und lächele vor mich hin.

Die Begleiterin: Wie geht's dir jetzt?

Ich: Gut! Sehr gut!

Die Begleiterin: Schaust du noch aus den Augen von Fred?

Ich: Nein, ich bin jetzt wieder bei mir.

Das Erlebnis der Wandlung

Die Begleiterin: Dann geh doch jetzt noch mal in die Schule. Geh noch mal an die Tafel. Schau mal, ob sich was verändert hat.
Ich: Ich bin jetzt auf dem Schulhof. Es hat geläutet und wir laufen, um uns aufzustellen. Ich bin die kleine Marina.
Die Begleiterin: Wie geht's dir jetzt als kleiner Marina?
Kleine Marina: Das ist unglaublich. Ich laufe über den Schulhof, direkt an Frau Platsch vorbei. Aber sie hält mich nicht auf, sie lächelt mich an. Sie sieht jetzt ganz schön aus. Sie trägt ihr hellblaues Sommerkleid. Ich stelle mich an, aber ich stehe gar nicht hinten als Letzte, ich stehe jetzt ganz vorne! Ich stehe neben Adelheid und wir gehen jetzt rein in die Klasse. Wir haben Musik, an der Tafel steht der Text eines Liedes. (lacht) Das ist ja ein Ding! Weist du, was da für ein Lied steht?
Die Begleiterin: Ich bin gespannt.
Kleine Marina: Da steht ein Lied aus der Bauernoper (singt): *Spieß voran, drauf und dran, setzt aufs Kloster-dach den roten Hahn!*. Oh, ich glaube das ja nicht.
Die Begleiterin: Was ist los jetzt?
Kleine Marina: Wir spielen ein Theaterstück. Frau Platsch und Herr Trutz bereiten das mit uns vor. Sie proben mit uns die einzelnen Szenen. Ich spiele die Hauptrolle. Ich kann das ja gar nicht glauben (weint).
Die Begleiterin: Was geschieht?
Kleine Marina: Ich bin in einer Szene drin. Ich singe das *Ach Veit, mir ist so wehe, dass ich zum Schloss rauf gehe, für eine lange Nacht* (weint).
Die Begleiterin: Wie fühlst du dich?

Ich: Ich bin überwältigt. So hätte Schule sein können. Da ist man mit Herz und Seele dabei.

Die Begleiterin: Dann lass doch jetzt noch mal alle da sein und zeige ihnen das. Zeige ihnen, wie Schule sein kann, zeige ihnen, wie es dir jetzt geht, wie du dich jetzt fühlst.

Kleine Marina: Ja, da sind sie alle. Wir Kinder spielen die Bauernoper. Wir haben schöne Kostüme, die uns unsere Mütter genäht haben. Alles ist festlich geschmückt. Wir sind jetzt in der großen Aula von der neuen Schule in Erda. Alle Stühle sind besetzt, es ist voll. Alle unsere Eltern sind da und Herr Ringsdorf, unser Klassenlehrer, und Frau Brück, die ich so gut leiden kann. In der ersten Reihe sitzen meine Eltern. Sie sind stolz auf mich. Wir haben das gut gemacht und jetzt klatschen sie Beifall.

Die Begleiterin spielt einen langen Applaus ein.

Ich strecke mich aus und in meinem ganzen Körper breitet sich ein Gefühl des Wohlbehagens aus. Ich gähne und muss mich noch mal strecken.

Die Begleiterin: Jetzt hast du was geschafft, nicht?

Ich: Kann man wohl sagen.

Wir lachen.

Die Begleiterin: Dann geh doch jetzt noch mal zurück auf deinen Weg in der Wüste, dahin, wo du am Anfang solche Angst hattest.

Ich: Ja, ich bin jetzt hier. Aber es sieht jetzt ganz anders aus. Der Sand ist weg. Es ist ein Feldweg durch Wiesen. Überall blühen Blumen und da stehen Obstbäume am Wegrand. Es ist eine Allee, die Vögel zwitschern.

Die Begleiterin: Wie fühlst du dich?

Ich: Ich fühle mich gut. Bin aber irgendwie aufgeregt.

Die Begleiterin: Dann lass doch jetzt mal die Stimme kommen, vor der du so Angst hattest.

Ich: Stimme, kannst du noch mal kommen?

-

Die Begleiterin: Was passiert gerade bei dir?

Ich: Ach, ich bin ganz berauscht. Vor mir steht jetzt ein wunderschöner Mann. Er trägt eine enganliegende leuchtend grüne Hose und darüber so ein weißes Rüschenhemd, das oben an der Brust etwas geöffnet ist. Er trägt Stiefel bis über die Knie, und über dem Arm hat er einen roten Umhang. Von dem könnt ich mich schon verführen lassen (lacht). Er lacht, und in seinen dunklen Augen blitzt es. Mir ist, als ob ich ihn kenne, weiß aber nicht woher.
Die Begleiterin: Willst du ihn fragen?.
Ich: Nein, den hebe ich mir als Leckerli für später auf.
Die Begleiterin: Willst du eine Verabredung mit ihm treffen?
Ich: Aber gern: Schöner Mann, willst du dich das nächste Mal wieder mit mir treffen? Ich möchte dich gern näher kennen lernen, du gefällst mir sehr.
Der schöne Mann: Ich komme gern, Euch Red und Antwort stehen
und werd´ derweil im Hain spazieren gehen.
Weiß nicht nur Weiber zu verführen,
sondern auch den Geist zu rühren!
Die Begleiterin: Was hat er gesagt?
Ich: Och, nichts! Er wird da sein.
Die Begleiterin: Gut, dann geh jetzt noch einmal zurück in den Raum, den du ganz zu Anfang betreten hast. Schau mal, wie er jetzt aussieht.
Ich: Ja, ich bin jetzt da. Er ist ganz hell jetzt. Es riecht irgendwie nach Maiglöckchen. Durch das Fenster scheint die Sonne und ich kann raus sehen auf den Schulhof. Es gibt da jetzt einen Abenteuerspielplatz. In der Mitte vom oberen Hof steht ein schöner Springbrunnen. Und unter den Bäumen am Hang sind lauter kleine Pfade und Wege angelegt, Treppchen und kleine Brücken, die über einen Bachlauf führen. Ach, da ist auch ein Teich mit Goldfischen. Die Kinder spielen und fühlen sich wohl jetzt. Und der Raum ist ein Klassenzimmer, aber er ist jetzt ganz sauber.

Auf den Tischen stehen Feldblumen und an der Wand hängen bunte Bilder, die die Kinder gemalt haben.
Hinten hängt eine Landkarte von Hessen. Ich sehe da einen roten Kringel um ein Dorf. Ich guck mal, was das für ein Dorf ist. Es ist Erda, und da ist ein kleines Bild neben dran, da ist die Schule drauf.
Und da ist ganz in der Nähe noch ein roter Kringel. Der ist um Rossbach herum gezogen. Und da ist auch ein Bild am Rande: Es ist das Synergetik Institut.
Die Begleiterin: Ja, ja, die Welt ist klein.
Liebe Leserin, wir wollen noch einmal auf die Prozessarbeit zurückkommen. Sie haben jetzt den Höhepunkt Ihrer Reise hinter sich, aber Sie sind noch nicht am Ende der Session angelangt. In der Synergetik Therapie gibt es nämlich ein Prüfungsverfahren, welches am Ende einer jeden Session durchlaufen wird.

Ihre Begleiterin fordert Sie jetzt nämlich auf, in die vergangenen Situationen ihrer Session noch einmal zurück zu gehen, um mit Ihnen gemeinsam zu prüfen, ob sich etwas verändert hat. In unserem Beispiel hat die Begleiterin Marina aufgefordert, noch einmal in die Situation an der Tafel zurück zu gehen. Es ist aber nicht die Situation an der Tafel, die auftaucht, sondern eine andere Situation, in der Marina als Kind ebenfalls von der Lehrerin Frau Platsch geschlagen wurde (Die Namen der Lehrerin und des Lehrers wurden selbstverständlich geändert!). In der Session sind also *zwei* Situationen gekippt, nämlich die Situation auf dem Schulhof und die Situation an der Tafel. Das ist ein schönes Beispiel, an dem Sie sehen können, dass nicht alle Situationen durchgearbeitet werden müssen, sondern dass in der Regel mehrere selbstähnliche Situationen gleichzeitig kippen.

Sie haben gesehen, dass die Lehrerin nun nicht, wie in der ursprünglichen Situation das Kind *schlägt*, sondern, dass sie jetzt *lächelt* und ganz schön aussieht. Die Situation an der Tafel taucht in der bereits veränderten Situation im Klassenzimmer wieder auf. Es stehen jetzt aber keine Zahlen mehr darauf wie vorher, sondern der Text eines Liedes. In der folgenden Sequenz spielen die Kinder Theater. Marina hat jetzt keine belastende Situation aus der Schule mehr vor Augen. Vor allem aber: Sie hat jetzt keine belastende Information mehr in ihrem Gehirn! Sie hat jetzt eine Situation abgespeichert, von der sie sagen kann: *So hätte Schule sein können.*

Aber auch eine weitere Situation, in der ein Lehrer brachiale Methoden angewendet hatte, konnte Marina in dieser Session kippen, nämlich die Situation mit Lehrer Trutz, der Fred, einen Jungen aus ihrer Klasse im fünften Schuljahr verprügelt hatte. Alle diese Situationen, in denen eine Lehrerin oder ein Lehrer Kinder geschlagen und unterdrückt hat, sind selbstähnlich. Sie bilden in der Innenwelt eine Struktur, und wenn es gelingt, Teile einer solchen Struktur zu kippen, wie in unserem Beispiel, dann kippt in der Regel die gesamte Struktur.

Als nächstes geht Marina noch mal zurück auf den Weg in der Wüste, wo ihr die Stimme begegnet ist. Diese Sequenz, das werden Sie sicher gemerkt haben, fällt aus dem Rahmen. Die ganze Geschichte mit der Stimme, die gleich noch weiter gehen wird, ist nicht Bestandteil der Session. Sie gehört, wie auch die übrigen Dialoge in diesem Buch, zur Geschichte des Buches.

Zur Session gehört aber das Zurückgehen in den Raum, den Marina ganz am Anfang betreten hat. Er ist jetzt hell und sauber und sie kann hinaus auf den Schulhof sehen. Sie merken schon, auch hier ist der Hinweis auf *beide* Schulsituationen mit der Lehrerin gegeben, die in der Session gekippt sind: auf Schulhof und Klassenzimmer.

Aber auch in diese Sequenz wurde eine Kleinigkeit hinein geschmuggelt: Es ist die Sache mit der Landkarte, die nicht zur eigentlichen Session gehört. Es war IHRE Idee, die Schule, die in der Session vorkommt, und die sich jetzt so wunderbar verwandelt hat, mit dem Synergetik Institut in Bischoffen-Rossbach zu verknüpfen. Denn ohne Bernd Dhyan Joschkos Synergetik Therapie, die er hier in Rossbach entwickelt hat, wäre die Schule in Erda wohl noch genauso grau und trostlos wie früher, jedenfalls in Marinas Innenwelt.

Ich: Wer bist du, mir ist, als ob ich dich kenne.

Schöner Mann: *Ich salutiere der gelehrten Dame!*

Ihr habt mich weidlich schwitzen machen.
Ich: *Wie nennst du dich?*
Schöner Mann: *Die Frage scheint mir klein*
Für eine, die das Wort so sehr verachtet,
die weit entfernt von allem Schein,
nur in der Wesen Tiefe trachtet.
Ich: *Bei euch, ihr Herrn, kann man das Wesen*
Gewöhnlich aus dem Namen lesen,
wo es sich allzu deutlich weist,
wenn man euch schöner Mann und gar Verführer *heißt.*
Nun gut, wer bist du denn?
Schöner Mann: *Ein Teil von jener Kraft,*
die stets das Böse will und stets das Gute schafft.
Ich: *Was ist mit diesem Rätselwort gemeint?*
Schöner Mann: *Ich bin der Geist, der stets verneint!*
Und das mit Recht, denn alles, was entsteht,
ist wert, dass es zugrunde geht;
drum besser wär's, wenn nichts entstünde.
So ist denn alles, was ihr Sünde,
Zerstörung, kurz, das Böse nennt,
mein eigentliches Element.
Ich: *Du nennst dich einen Teil und stehst doch ganz vor*
mir?
Schöner Mann: *Bescheid'ne Wahrheit sprech ich dir.*
Wenn sich der Mensch, die kleine Narrenwelt,
gewöhnlich für ein Ganzes hält:
Ich bin ein Teil des Teils, der anfangs alles war,
ein Teil der Finsternis, die sich das Licht gebar,
das stolze Licht, das nun der Mutter Nacht
den alten Rang, den Raum ihr streitig macht,
und doch gelingt's ihm nicht, da es, so viel es strebt,
verhaftet an den Körpern klebt.
Von Körpern strömt's, die Körper macht es schön,
ein Körper hemmt's auf seinem Gange;
So, hoff ich, dauert es nicht lange,
und mit den Körpern wird's zugrunde gehen.

Ich: *Nun kenn' ich deine würd'gen Pflichten!*
Du kannst im Großen nichts verrichten
Und fängst es nun im Kleinen an.
-
Die Begleiterin: Was ist jetzt los bei dir?
Ich: Ich weiß nicht, ob man *Goethe* hier zitieren darf.
Die Begleiterin: Frag doch mal Bernd.
Ich: Bernd, kannst du mal kommen? Ich hab ne Frage.
Bernd: Hier bin ich, frag mich direkt.
Ich: Darf man *Goethe* hier einfach in diesem *Kochbuch*
auftauchen lassen?
Bernd: Wieso nicht? Du machst ne Innenweltreise. Alles
darf sein.
Merlin: Aber du solltest doch wenigstens sagen, dass diese
Sequenz aus *Goethes Faust* ist.
SIE: Wieso, Schönheit und Tiefe gehören niemals einem
Menschen ganz allein. *Sie sind ein Teil des Teils, der*
anfangs alles war.
Ich: Ach, das hast du jetzt schön gesagt!
Bernd: Wenn du's genau wissen willst, dann kannst du ja
Goethe selbst fragen, ob er was dagegen hat (lacht).
Die Alte (läutet)
Ich: Bist du das, Alte?
Die Alte: Klar doch!
Ich: Wieso läutest du denn jetzt?
Die Alte: Ich will diesen Goethe nicht hier haben!
Ich: Aber warum denn nicht? Er war ein großer Dichter
und Denker, ein Naturwissenschaftler und ...
Die Alte: Eben. Er war vor allem Naturwissenschaftler. Du
wirst dich dann wieder verlieren. Ich weiß doch Bescheid,
wie das dann geht.
Bernd: Sie scheint ja ganz schön resolut zu sein.
Ich: Und ob!
SIE: Lass doch Herrn von Goethe mal kommen. Er hat so
schöne Gedichte geschrieben. Ich würde ihn wirklich gern
kennen lernen.

Merlin: Ich bin eigentlich auch dafür. Seine Betrachtungen zur Metamorphose der Pflanzen zum Beispiel sind sehr interessant, finde ich, und sie haben sehr viel mit Synergetik zu tun. Überhaupt sprechen seine Studien sehr von der Achtung, die dieser Mann der Natur, der Kunst und überhaupt allem entgegengebracht hat. Er hat immer Zusammenhänge hergestellt und sich stets für das Zusammenwirken interessiert. Das ist besonders in seinen naturwissenschaftlichen Schriften deutlich.

Ich: Er war ein ganzheitlich denkender Mensch, deswegen hatte er aber auch eine Menge Kritiker.

Merlin: Außerdem hat er eine interessante Farbenlehre geschrieben, zu der ich die ein oder andere Frage hätte.

Die Alte: Und ich sage, lasst ihn weg!

SIE: Aber Farben sind doch etwas ganz Wunderbares! Wieso soll uns Herr von Goethe nicht davon berichten, das ist doch sehr interessant.

Die Alte: Ihr werdet flugs den *Newton* da haben und dann haben wir die Bescherung. Sie werden sich streiten. Ich weiß doch, wie das dann geht!

Bernd: Ein Streit kann doch sehr konstruktiv sein. Ich bin dafür, dass wir beide kommen lassen. Sie können ja Encounter machen, fänd ich toll!

Merlin: Womöglich würde sich die ein oder andere Ungereimtheit dann endlich aufklären lassen. Ich wäre an einem Gespräch durchaus interessiert.

Die Alte: Und ich sage: Lasst sie weg!

SIE: Ich finde, Herr von Goethe sollte kommen.

Die Begleiterin: Wen willst du denn jetzt kommen lassen?

Ich: Er ist schon da, es ist Goethe.

Die Begleiterin: Wie sieht er denn aus?

Ich: Oh, er sieht genauso aus, wie ihn Angelika Kaufmann gemalt hat, so zart und empfindsam.

Die Begleiterin: Ich dachte, so hätte er sich selbst gar nicht so gern gesehen.

Ich: Hat er ja auch nicht (lacht). Er wollte nicht so weich erscheinen, sondern lieber kantig und männlich, das war damals Mode bei den Männern.

Die Begleiterin: Willst du's ihm mal sagen?

Ich: Lieber nicht. Herr von Goethe, wollt Ihr uns die Ehre geben?

Johann Wolfgang von Goethe: Da bin ich, und ich komme gern. Ich bin begeistert von den Studien, die Ihr betreibt, und vom Erfolg der Sache.

SIE: Ist er nicht bezaubernd?

Die Alte: Ich hab ja gesagt, ihr sollt ihn weg lassen!

Ich: Wie meint Ihr das? Sprecht Ihr auf die Synergetik an?

Johann Wolfgang von Goethe: Die Lehre vom Zusammenwirken, ja! Hab ich mich doch mein ganzes Leben lang mit all dem Wirken der Natur recht intensiv beschäftigt.

Bernd: So kennt Ihr auch die Synergetik Therapie?

Johann Wolfgang von Goethe: Ich kannt sie theoretisch nur und lern sie grad von andrer Seite kennen. Ich dank Euch, dass Ihr mich gerufen!

Bernd: So wollt Ihr eine Session machen?

Die Alte: (hört auf zu läuten).

Johann Wolfgang von Goethe: Ich bin ein Teil des Teils der Session.

Ich dien' Euch also *auf besond're Weise.*

Ich: So ist es in Ordnung, wenn wir hier aus Eurem Faust zitieren?

Johann Wolfgang von Goethe: *Ein guter Mensch in seinem* tiefen *Drange, ist sich des rechten Weges wohl bewusst.* Für mich ist's gut, so wie es ist. Es ist mir eine Ehre, mit an der neuen Wissenschaft zu wirken, *wo alles sich zum Ganzen webt, eins in dem andern wirkt und lebt! Wo Himmelskräfte auf und nieder steigen und sich die goldnen Eimer reichen.*

SIE: Ach, das hat er jetzt schön gesagt.

Die Alte: Ich sagte doch, ihr sollt ihn weg lassen.

Der schöne Mann: *Von Zeit zu Zeit seh' ich den Alten gern und hüte mich, mit ihm zu brechen.* Es ist gar *hübsch von einem* toten *Herrn, so menschlich* in der Innenwelt *zu sprechen.*

Merlin: Er ist doch wirklich ein ganzheitlich denkender Mensch!

Bernd: Du meinst, er ist ein *synergetisch* denkender Mensch.

Merlin: Gibt es da einen Unterschied?

Die Alte: Alles ist eins, da gibt es nur peripher Unterschiede. Ich weiß um solche Dinge.

Ich: Ja, alles ist eins. Alles ist synergetisch miteinander verbunden und noch der kleinste Teil steht in Wechselwirkung mit dem Ganzen. *Wie alles sich zum Ganzen webt, eins in dem andern wirkt und lebt...*

Die Alte: (fängt an zu läuten)

Ich: Warum läutest du denn jetzt?

Die Alte: Du verlierst dich wieder. Ich finde, dass es jetzt reicht.

SIE: Och, jetzt, wo wir Herrn von Goethe hier haben? Wir könnten ihn ja zum Essen einladen. Er könnte uns dann noch etwas über Farben erzählen oder aus seinen Gedichten lesen …

Die Alte: Und ich sage, es reicht!

Bernd: Sie ist ja ganz schön resolut, nicht? (lacht)

Ich: Und ob!

Nachworte

Liebe Leserin, die Innenweltreise in diesem Buch geht hier zu Ende, meine Innenweltleute haben sich zurückgezogen, sie haben jetzt etwas anderes vor, denn wir haben, wie Sie wissen, einen hohen Gast. Diese Session ist zwar zu Ende, aber eine Session ist ja immer nur vorläufig zu Ende, denn in der Innenwelt gibt es keinen Anfang und kein Ende. Eine Session geht in eine andere über und letztlich ist das ganze Leben eine Session, ein großes und schönes Abenteuer, in dem wir uns selbst immer näher kommen können.

Oder sollen wir sagen, das ganze Leben ist ein Menü? Vielleicht ein riesiges Büfett, auf dem alles für uns angerichtet ist, von den interessantesten Vorspeisen über die delikatesten Hauptgerichte bis hin zum köstlichsten Dessert? Wir brauchen uns nur zu bedienen, alles ist da! Ganz nach dem Motto: Nehmen, was da ist und das Beste daraus machen!

Vielleicht haben Sie Appetit bekommen, und möchten Ihr ganz persönliches Menü zusammenstellen? Gehen Sie in Ihre Innenwelt und fangen Sie an. Seien Sie aber nicht enttäuscht, wenn es auch bei Ihnen zunächst ein paar Dinge gibt, die Ihnen nicht schmecken oder die Ihnen sogar das Leben versauern. Das war nicht nur bei mir auch so, sondern es ist eigentlich bei allen erst mal der Fall. Aber Sie wissen ja: Sie haben alles, was Sie brauchen, um das zu ändern, nicht? Seien Sie gewiss, eines Tages werden auch Sie sagen: *So schmeckt es mir!* Und das süße Leben wird Ihnen zu Füßen liegen.

Dann aber, liebe Leserin, wird Ihnen auch alles andere schmecken. Wie innen, so außen. Das ist ein synergetisches Gesetz! Sie können dann praktisch essen, was Sie wollen, es wird Ihnen bekommen, wird Ihnen munden. Denn die Veränderungen in der Innenwelt machen sich selbstähnlich selbstverständlich auch in Ihrem Alltag, in Ihrem Umfeld, bei Ihren Mitmenschen und in Ihren Beziehungen bemerkbar. Sie werden nämlich hier auf Resonanzen stoßen. Und Sie werden feststellen, wie sich Ihr Leben von Grund auf verändert, und nicht selten auch das derjenigen, mit denen Sie zusammen sind. Aber das ist eine andere Geschichte, und irgendwann werden wir sie vielleicht erzählen. Gesetzt den Fall, dass meine Innenweltleute Lust darauf haben.

Für diesmal darf ich mich von Ihnen verabschieden und hoffe, Sie haben Appetit bekommen. Ich muss mich beeilen, denn ich werde mal wieder gedrängt. SIE ist schon in der Küche mit Vorbereitungen beschäftigt, denn heute gibt es ein ganz besonderes Menü. Schließlich haben wir einen ganz besonderen Gast. Ich weiß nur so viel, dass es ein Menü der Frankfurter Küche sein wird.

Liebe Leserin, es hat mir viel Freude mit Ihnen gemacht, und ich glaube, meinen Leuten auch. Ich wünsche Ihnen alles Gute, und ich würde mich freuen, wenn Sie auch in Teil II über Synergetik Therapie wieder dabei sind. Dann geht es um Schönheit und es geht ein bischen tiefer: *Wahre Schönheit kommt von innen.*

Ich würde mich auch freuen, wenn wir uns einmal persönlich kennen lernen. Wenn Sie im Raum Odenwald oder Bergstraße wohnen, ist es gar nicht weit bis zu mir. Rufen Sie einfach an oder schicken Sie mir eine E-Mail, wenn Sie Lust auf Ihr eigenes Menü, vor allem aber wenn Sie Lust auf sich selbst haben.

Ich freue mich auf Sie, denn ich weiß jetzt schon, dass Sie ein wundervoller und einzigartiger Mensch sind.

Auf Wiedersehen!

Liebe Leserin,

Um Ihnen zu vermitteln, wer hinter diesem *Kochbuch* steckt, will ich noch einige Worte über mich verlieren. Es ist aber gar nicht so einfach, etwas über sich selbst zu schreiben. Geht das überhaupt, sich selbst in Kurzfassung zu beschreiben? Wenn ich das versuche, habe ich ja gleich das ganze Spektrum meines Lebens vor Augen. Was ist davon wichtig, was macht mich als Menschen aus? Ist es mein Beruf oder meine Arbeit, sind es meine persönlichen Entwicklungen, meine menschlichen Anbindungen oder mein Weltverständnis?

Was mich auszeichnet, ist vielleicht die Tatsache, dass ich nie aufgehört habe zu suchen bzw. zu finden. Suchen und Finden sind für mich das Gleiche, denn alles ist schon da, sonst könnten wir es nicht entdecken, wir kämen aber auch nicht auf die Idee, es überhaupt zu suchen.

Dieser Tatsache habe ich es zu verdanken, dass ich die Synergetik Therapie gefunden habe. Oder hat sie mich gefunden? Es bleibt sich gleich, denn wir wissen ja, dass alles, was sich ereignet, im Zusammenwirken des Ganzen geschieht und dass wir, wenn wir etwas finden, lediglich auf eine Resonanz stoßen.

Die Synergetik Therapie ist für mich zum entscheidenden Tätigkeitsfeld geworden. Sie ermöglicht es, sich selbst auf eine ganz neue und faszinierende Weise kennen zu lernen und sich in der ganzen Tiefe seiner eigenen Innenwelt zu erleben. Die synergetische Auseinandersetzung mit sich selbst ist die Basis für ein glückliches, harmonisches und gesundes Leben. Jedesmal, wenn ich Menschen in ihrem Prozess begleite, bin ich von Neuem fasziniert über den inneren Reichtum und die ungeheure Kreativität eines jeden Menschen. Immer ist es anders, immer ist es etwas Besonderes, immer wieder ist es ein Wunder.

Ich bin sehr dankbar, dass ich die Synergetik Therapie gefunden habe, und dass es immer mehr Menschen gibt, die sie für sich entdecken und nutzen, und ich wünsche mir, dass diese wunderbare Methode möglichst vielen Menschen zugänglich wird.

Ich hoffe, dass ich mit diesem kleinen Büchlein dazu beitragen kann.

Marina Stachowiak, Januar 2005

MarinaStachowiak@aol.com
www.synergetik-bewusstsein.de

Anhang

Marina Stachowiak
Jahrgang 1957, verheiratet, seit 1993 Mutter eines Sohnes

Studium der Kunst- und Religionswissenschaften, der Neueren Deutschen Literatur, sowie der Graphik und Malerei an der Philipps Universität Marburg.
Langjährige praktische und theoretische Arbeit und Forschung zur sexuellen Gewalt und zur Evolution des menschlichen Bewusstseins.

Freiberufliche Tätigkeiten
- Synergetik Therapie und synergetische Bewusstseinsarbeit
- Synergetische Malerei
- Seminare und Workshops zur heilenden Kraft innerer Bilderwelten
- Vorträge und Veröffentlichungen zu integralen Themenbereichen und zur Bewusstseinsforschung

Veröffentlichungen
Getrennt von uns selbst. Sexuelle Gewalterfahrungen in der Kindheit. Einsichten und Heilung. Focus Verlag Gießen 2000, 2002 (unter meinem ehemaligen Namen Marina Pilgram).

Wahre Schönheit kommt von innen. Band II (erscheint voraussichtlich August / September 2005)

Synergetik – Selbstheilung im Spiegel eines integralen Bewusstseins (in Vorbereitung)

Empfehlenswerte Literatur

Synergetische Innenweltreisen. Selbsterfahrung – Selbstorganisation – Selbstheilung. Zeitschrift des Synergetik Instituts. Redaktion: Roswitha Schneider, e-mail: innenweltreisen@synergetik.net

Bestelladresse: Synergetik Institut@synergetik.net
Therapie- und Ausbildungszentrum für Synergetik Therapie und Profiling
Amselweg 1, 35649 Bischoffen-Rossbach
Fon: 06444-1359
Fax: 06444-6136

HAKEN, Hermann: Erfolgsgeheimnisse der Natur. Synergetik: Die Lehre vom Zusammenwirken. Stuttgart 1981

HAKEN, Hermann, / HAKEN-KRELL, Maria: Erfolgsgeheimnisse der Wahrnehmung. Synergetik als Schlüssel zum Gehirn. Frankfurt / M., Berlin 1994

BRIGGS, John / PEAT, David F.: Die Entdeckung des Chaos. Eine Reise durch die Chaos-Theorie. München 1993

CRAMER, Friedrich: Chaos und Ordnung. Die komplexe Struktur des Lebendigen. Stuttgart 1988

CAPRA, Fritjof: Wendezeit. Bausteine für ein neues Weltbild. München 1982

CAPPRA, Fritjof: Lebensnetz. Ein neues Verständnis der lebendigen Welt. Bern, München, Wien 1996

HIRNEISE, Lothar: Chemotherapie heilt Krebs und die Erde ist eine Scheibe. Enzyklopädie der unkonventionellen Krebstherapien. Kernen 2002